U0100160

大展好書　好書大展
品嘗好書　冠群可期

大展好書　好書大展
品嘗好書　冠群可期

心靈雅集 76

范天涯 著

禪林清音‧真愛篇

《放一些禪在愛情裏》

大展出版社有限公司

格　言

不論你在何時開始，重要的是開始之後就不要停止。不論你在何時結束，重要的是結束之後就不要悔恨。

前 言

　　翻開這本書，也許有人會問：「禪到底是什麼？為什麼要放一些禪在愛情裡？」

　　「禪到底是什麼？」往往很難回答，因為禪歷來講究不立文字，難以言表。而修禪最直接的方式，就是從生活上去實踐，在衣食住行處尋個著落。禪可以是窗前的一盆花，桌上的一杯茶，也可以是手中的油鹽醬醋、鍋碗瓢盆，在禪者眼裡，哪怕只是一屈指，一拂袖，站起坐下，無一不是禪。

　　但是，若把禪與愛情放在一起，這個問題就能夠回答得生動、形象。

　　在禪者看來，每個人都有命定的姻緣，前世五百次的回眸才換來今生的擦肩而過，前世的一個善舉才換來今生的一次相遇，既然一切都是最好的安排，又何必苦苦強求呢？

　　愛情路上，有的人，因愛而困惑，愛得真誠卻往往追求不到，有時得到了也會失去；有的人，看似一路順境，愛情婚姻皆如意，誰料遭遇中年危機，一沉不起；還有人，稍微看到或聽到些什麼，就會杯弓蛇影，無端越疑，在猜忌中傷害對方，也觸痛自己……於是，有些人越是嘗盡了愛情的諸般滋味，越是對愛情失望，瞭望幸福時就越發覺得遙不可及。

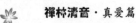

　　當你在愛情路上遇到這些「荊棘」時，一顆禪心，一句禪語，便能將其悄然化解，令你釋然。禪，就好比是那愛情生活中的一瓢清涼之水，它無色無味，卻可以調劑愛情中酸、甜、苦、辣、鹹五種滋味。若覺得愛情太鹹了，加一瓢清涼之水，讓它變淡一些；太辣了，加一瓢清涼之水，就不會覺得那麼辣；太苦了，也可以加一瓢清涼之水，讓它變得不那麼苦……

　　《禪林清音・真愛篇》一書，不是讓每個人去參禪，修禪，而是以禪的智慧故事開闊你的心胸，思維，詮釋貼近人們生活的現代愛情故事，讓讀者在閱讀中不知不覺地頓悟……愛情有它自身的尺度與距離，只有學會正確看待姻緣，坦然面對得失，以清涼之水洗去塵埃，化解心中陰霾；認清愛情的真意，學會愛與付出，懂得知足，感恩，珍惜當下，享受愛情……才能讓自己的愛情更圓融、更美滿。

　　最後，感謝本書的編委：楊其明、胡偉、蔣晉泉、李明、陸慰祺、鄒岳生、陳友珍、朱友明、包錫忠、馬靜、倪小娟、秦英、華紅蓮、蔡安平、周中新、蔣海娣、鄒岳生、章亞玲、季小國、張芝、錢志廣、鄒吉、李月明。

范天涯

目　錄

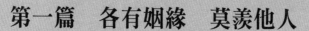

第一篇　各有姻緣　莫羨他人

1. 被拋棄的書生

　　從前有個書生，和未婚妻約好在某年某月某日結婚。到那一天，未婚妻卻嫁給了別人。書生受此打擊，一病不起。家人用盡各種辦法都無能為力。

　　這時，路過一遊僧，得知情況，決定點化一下書生。

　　僧人到書生床前，從懷裡摸出一面鏡子叫他看。

　　書生看到茫茫大海，一名遇害的女子一絲不掛地躺在海灘上。

　　路過一人，看一眼，搖搖頭，走了……

　　又路過一人，將衣服脫下，給女屍蓋上，走了……

　　再路過一人，過去，挖個坑，小心翼翼地把屍體掩埋了……

　　疑惑間，畫面切換。書生看到自己的未婚妻，洞房花燭，被她丈夫掀起蓋頭的瞬間……

　　書生不明所以。

　　僧人解釋道：「那具海灘上的女屍，就是你未婚妻的前世。你是第二個路過的人，曾給過她一件衣服，她今生和你相戀，只為還你一個情。但是她最終要報答一生一世的人，是最後那個把她掩埋的人。那人就是他現在的丈

夫。」

書生大悟，「唰」地從床上坐起，病痊癒了！

::道破禪機::

凡事都為因緣和合而成

有句話說：「緣分是前生就註定的。」姑且不論前世來生的說法，「緣」的存在卻是被很多人認同的。然，何謂「緣」？

在緣分沒有賜幸的時候，我們或許以為它抽象得難以表述，心裡有的也是不甚清明的臆度。倘若真要用實物來形容和說明它，「緣如紅線」是恰如其分的。相識是緣，緣如紅線，有人依靠這似有似無的線，彼此靈犀相通，執子之手；也有人因一言不合或半點的爭執不經意地弄斷了線，失去了緣分。緣來緣去，緣聚緣散，看不見，卻能感受的到。

燕子和麻雀是在春天裡相遇相識的，緣分使它們很快相愛了，形影不離。它們知心得無話不說。那種互相關心、互相陪伴的愛戀，讓它們彼此都感受到了溫馨與甜蜜。隨著時光的飛逝，轉眼春去秋來。燕子就要飛回南方了，它在心裡默默地難過，可是麻雀並不知道燕子就要離開它了，依舊和燕子談笑風生，玩耍嬉戲。

其實燕子捨不得離開麻雀，它的心裡有太多的不捨，可是秋天到了，天氣越來越冷了，它再不走就要被凍死了。在它們分手的那天，麻雀非常傷心地哭了。它深情地對燕子說：「只要你生活得幸福，就是我最大的快樂，

我們今生的相遇，已經是前世修來的福了。」

燕子終於飛走了，但它把麻雀的溫柔與美麗留在了心裡。

面對緣分，燕子不能強求，否則面臨的就是死亡，人的感情也是一樣。佛說「各有因緣，莫羨他人」，凡事都為因緣和合而成，順其自然，隨緣而安，緣來時努力珍惜，緣去時珍存回憶，這才是對待愛情的正確態度。

‥禪林清音‥

絕思絕慮，任心自在，無憂無慮，坦坦蕩蕩，坐臥隨緣。

2. 修成正果的和尚

在森林的深處，心悟和尚緊閉著眼睛在苦苦地修煉。他想修成正果，成為菩薩。是拾柴的姑娘在衣裙裡給他帶來了果子，又用樹葉做成杯子從溪流中為他取來了清水。

日子一天天地過去，心悟和尚的修行變得愈加艱難了，到後來他絕口不嘗果子，也不喝一滴清水。拾柴的姑娘感到非常悲傷。

如來佛祖聽說有一個人在修煉，便想考驗他的誠心，他計畫用誘惑來考驗這個凡人，讓他放棄自己的冒險行動。

如來佛祖吹來一口氣，吻著那個拾柴姑娘的肢體，她的青春由於一陣突然迸發的美麗而感到痛苦，她的思想也彷彿蜂巢中受到襲擊的蜜蜂在嗡嗡作響。

心悟和尚離開森林，到山洞裡去完成他嚴格苦行的時候到了。當他睜開眼睛準備啟程的時候，那個姑娘出現在他眼前，好似一首熟悉而已被遺忘的詩歌，因為新添了一種曲調而變得陌生了。心悟和尚從他的座上站起來，告訴她這是他離開森林的時候了。

「但你為什麼要奪去我侍奉您的機會呢？」她眼眶裡噙著淚珠問道。

心悟和尚重新坐下來，沉思了好久，便在原處留了下來。

第二天早晨，姑娘走到心悟和尚的面前，向他施禮，請他為她祝福，說她必須離開他。

心悟和尚默默地望著她的臉，接著，他說：「去吧，祝你如願！」

不知多少年，心悟和尚兀自獨坐，最後他的苦修功德圓滿了。如來佛祖降臨，告訴他已經修成正果了。

「我不再需要什麼正果了。」心悟和尚說。

如來佛祖問他最希望得到的最大的報酬是什麼。

「我要那個拾柴的姑娘。」

··道破禪機··

珍惜你身邊的緣分

心悟和尚為了修成正果，可謂吃盡了孤獨之苦，等真的修成正果了才發現：那個拾柴的姑娘才是他真正想要的。生活中，有不少單身者像那和尚一樣，一心追求著那些看似美好的夢，忽略了身邊的緣分，等到歷經滄桑、走

過許多彎路之後，才明白什麼是真正想要的。

　　眼下許多單身者，其實論起談戀愛的條件都不會很差，每個人身上都有閃光點。只是有些人看不到自身優點而自慚形穢，緣分來時退退縮縮；還有的人自視過高，對待身邊的追求者總要挑來挑去，一心只想找個更好的……殊不知，真正適合你的愛情有時候由不得你選擇，它的降臨更多是因為緣分。

　　一個年輕人來到寺廟，詢問佛祖，幸福在哪裡？請佛祖告訴他，他想去尋找幸福。

　　佛祖便差菩薩來到人間，找到年輕人，告訴他，閉上眼睛，會有一個美麗的女人帶他去尋找幸福，如果他睜開眼睛，那個美麗的女人就會從他身邊消失。年輕人迫不及待地閉上了眼睛，於是美麗、聲音柔美、滿身香氣的幻想姑娘來到他身邊，年輕人就每天緊閉著雙眼，與幻想一起走向尋找幸福的路。

　　有一天來了個叫希望的姑娘，對年輕人說：「你睜開眼睛看看我吧，我比幻想更漂亮、更溫柔，我才能帶你找到幸福。」

　　年輕人想了想，沒有睜開眼睛，他不想失去幻想，只要睜開眼睛，幻想就會離開他。所以，無論希望怎麼規勸，他始終沒有睜開眼睛。

　　希望只好歎著氣離開了。而這時，聽著希望離去的腳步聲，他忽然想看一看希望，是否真如她所說勝過幻想。他猶豫再三，睜開了眼睛，向希望走的方向看去，然而他看到的只是希望遠去的背影，他後悔萬分，為沒有早些睜開眼睛。同時，因為他違背諾言，睜開了眼睛，幻想也不

見了。

這時，他停下來，不經意地回頭望去，身後一個長得不算美麗，沒有滿身香氣的現實姑娘一直跟著他，為他撐著一把能夠遮風擋雨的傘，深情地望著他。於是年輕人頓悟：幸福原來就在身邊！

渴望幸福愛情的人，不要再好高騖遠地去眺望遠處的幻影了，多去留心一下身邊的人吧！你會明白，愛，本來就是一件百轉千回的事，說不定那麼一瞬你就會幡然悔悟──原來愛就在這裡！

∵禪林清音∵

最美好的姻緣注注孕育在平平常常中。

3. 信徒做夢

深秋的傍晚，信徒醒來哭泣。大師問信徒：「你做噩夢了嗎？」信徒回答：「不是。」大師又問：「你做難過的夢了嗎？」「也不是。」信徒說。大師奇怪地問道：「那你為什麼要哭泣得那麼悲傷？」「我做了一個很美的夢。」信徒擦拭著眼淚，遺憾地回答：「我傷心的是，我擔心我的夢不會實現。」

大師沉默許久，對信徒講了一個小和尚的故事。

某日，山中忽然下起傾盆大雨，豆大的雨粒毫不留情地打在年久失修的屋瓦上，不久大殿便開始漏起雨來。

「趕快拿東西來接雨！」

慧玄禪師大聲斥令道。然而，會到漏雨這般程度的，

想必是窮得連水桶都沒有的寺廟。但是，真的什麼也沒有嗎？眾弟子們拼死命地翻箱倒櫃，就是找不出任何可以接雨的東西。正當大夥兒慌得團團轉時，忽然間有個小和尚抓了個竹簍就往外跑。

用竹簍接雨？

多麼奇怪的舉動啊！當然，根本無濟於事。

但是，事後慧玄大師竟然大大地褒獎了小和尚一番，而那些在旁邊急得團團轉的弟子們卻被狠狠地罵了一頓。

信徒聽後頓悟，慚愧地低下了頭。

∴道破禪機∴

不要輕易放棄你的第一次心動

懦弱的信徒因夢太美難以實現而哭泣，可是不甘放棄的小和尚卻努力嘗試用竹簍接雨。如此鮮明的對比告訴人們，做任何事，不要因其困難而放棄，再難也要努力搏一搏，特別是不要輕易放棄你的第一次心動。

人生的第一次心動是最難以忘懷的，但往往因為沒有經驗和勇氣，許多人的第一次心動都只會淪為美麗又傷感的回憶。每當回首人生的時候，總是徒歎奈何。誰都明白，與其後悔，不如努力一搏，哪怕試過了仍然沒有希望，將來也不至於後悔當初沒敢去做。

約翰在禮品店外徘徊良久。瑪麗的生日即將來臨，他想給自己心儀已久的女孩買個禮物，表明他暗戀她的心跡。他終於鼓足勇氣，邁進了那家裝飾精美的小店。看著櫃檯裡時尚的禮品，又看看數目不菲的價格，囊中羞澀的

他只能豎起衣領尷尬離開。

「買個青草娃娃吧，只要2美元。」一位中年婦女迎面走過來。他看到她的籃子裡滿是青草娃娃，用各色的花布和橡皮筋紮成娃娃的樣子，面部還縫了黑黑的眼睛、紅紅的嘴巴，很可愛。花布裡面包著泥土，最頂上撒著花籽草種。

「你每天給它澆水，大約半個月以後，種子就會發芽，長出青青的草，很逗女孩子喜歡的。」婦女似乎看出了他的心思，一個勁兒地慫恿他。他想，她的年齡足夠做他的母親了，應該不會騙他吧，於是他拿出攢了很久的錢，小心地遞給了她。

回到宿舍，約翰把青草娃娃放在窗臺上。每天用自己的茶杯澆水時，他都懷著虔誠的心祈禱：快點兒發芽吧，快點兒長出一片青草吧！是啊，在這灰暗的嚴冬，他送她一片綠色的春意，這樣別致的禮物，肯定能打動她的心，然後，他們將甜蜜相愛……

在瑪麗的生日晚會上，她的追求者們送來了許多禮物，有生日蛋糕，有高檔時裝，有芬芳的鮮花，甚至有人送了昂貴的首飾……擺在桌上，琳琅滿目。

約翰也來了，兩手空空地來了，他的青草娃娃沒有發芽。

瑪麗滿懷期待地望著他，她其實早已注意到他灼熱的目光，而且他的才學、他的氣質都令她怦然心動。她等待著今天晚上他當眾向她表白，她就可以幸福地挽住他的手臂，謝絕其他人的追求。

然而，約翰不敢迎接她的目光，在這一大堆豪華的禮

物面前，他自慚形穢，如坐針氈，躲到了最陰暗的角落。終於，晚會還未結束，他就離開了。他甚至沒有告別，起身就匆匆地來到門口，當然，他也沒有看見瑪麗暗藏的幽怨和傷心。

他心灰意冷，再也沒給青草娃娃澆水。

緊接著就要期末考試了，約翰忙於複習功課，把每天的時間都排得緊緊的，壓抑自己不去想她。他暗暗發誓：等他將來有錢了，一定要給她買最昂貴的禮物。

放寒假了，大家都收拾行囊，準備回家。約翰突然發現窗臺上有一片綠，仔細一看，青草娃娃的頭上竟然真的長出了一片嫩綠的青草！壓抑很久的思念，突然像這些青草一樣蓬勃升起。他想起了久未見面的瑪麗，於是把青草娃娃揣在懷裡，飛也似地跑去找她。

約翰顧不上等車和坐電梯，一路飛跑。當他大汗淋漓地跑進瑪麗的宿舍時，已經人去樓空！別人告訴他，學校已於前天放假，瑪麗是和男朋友一起走的。

約翰只覺得心裡一下空蕩蕩的，好不容易等到青草娃娃發芽了，心愛的人卻已去了遠方。早知如此，應該在生日那天就送給她，兩人一起澆灌這愛情的幼芽。

讀完故事，許多人都會為約翰感到遺憾，然而相同的遭遇卻在生活中一次次上演。銘記他人的教訓將是自己寶貴的財富，希望你在遇到人生第一次心動的對象時，一定鼓起勇氣，哪怕只是竹簍接雨，也要勇敢地嘗試一下。

·禪林清音·

莫要待到鮮花凋落時，才想起它的美麗。

4. 騙子與山羊

　　有個婆羅門教徒想弄一隻野獸作祭品。他捕到一隻山羊。回家的路上，正巧被三個騙子看到了。騙子們私下說：「我們今天有羊肉吃了。」他們偷偷商量好一個圈套便散開，接著先後朝婆羅門教徒走去。

　　第一個騙子過去對這位婆羅門教徒說：「我的好人，你肩上背著的這條狗一定不錯，它大概殺死了不少兇猛的野獸吧！」說完，他就走開了。

　　這個婆羅門教徒心想：「這混蛋說了什麼？難道我會將一條狗背在肩上？」

　　這時，第二個騙子也到了他眼前，並招呼道：「喂！你這位教徒怎麼如此荒唐？你看，這神聖的祭繩、念珠、水缽、婆羅門教徒的額前聖點，而肩上卻搭著一條狗——這哪裡相配呢？這條狗肯定是捕殺兔子、羚羊和野豬的能手。」他說著也走過去了。

　　這位婆羅門教徒只好將這隻準備獻祭用的牲畜放在地上，想把事情重新弄弄清楚。等他仔細地摸了摸牲畜的耳朵、角、尾巴和身體其他部位後，暗自說：「這些傢伙真笨，他們竟會把這隻山羊當成一條狗！」

　　他重新將山羊扛到肩上，繼續往前趕路。此時，第三個騙子回頭對教徒嚷道：「離遠點，別挨著我們！靠邊走！你呀，只是看起來挺純潔，婆羅門教徒！你竟同狗接觸，那肯定會變成一個獵人，並從此歸屬那種鄙劣的階層了。」他說著便走開了。

這時，教徒不禁疑惑起來：「這是怎麼回事呀，他們三個人都這麼說？多數人的意見難道不對？世上常有弄錯的事，大概這的確不是山羊，而是一隻吃人的狗身鬼怪吧？它會千變萬化呢！怎麼回事，難道它又現出了狗身？」

　　他一想到這裡，嚇得不敢再看一眼，丟下山羊，掉頭就跑。

　　那三個騙子便把山羊拖走吃掉了。

∴道破禪機∴

相信自己的眼光

　　類似這個婆羅門教徒的愚蠢行為並不少見，他的遭遇容易讓人聯想起魯迅的名言：「其實世上本沒有路，走的人多了，也便成了路。」用這話來審視人們的言論也是一樣，謊言說得多了也可能變成真的。

　　倘若一個人像婆羅門教徒那樣，因為相信了謊言而失去一隻山羊倒沒什麼，若是因為相信別人製造的謊言而失去了曾經相濡以沫的愛人，那將是一生的悲哀。只有當能夠相信自己的眼光，不為流言、謊言所動時，才能把握住手裡的幸福。

　　她是一個多愁善感的女人，無論發生什麼事，她都很容易產生觸動。當然，和許多多愁善感的女人一樣，她有著姣好的面容和性感的身材。每次和女友一起逛街時，都會吸引路人回頭望上一眼。

　　她的工作很穩定，是一所大學的英語老師。由於外表

和工作，她很受男性的青睞，追求者從來沒有斷過。但她一直沒有接受過任何人的追求，因為她心裡一直在等待一個人。

不知是自己的女友「出賣」還是誰多嘴了，追求者中許多男人都知道她喜歡的是一個一無所有，正在創業的小夥子。對於這些成功的男人而言，這樣的情敵簡直可以忽略不計。

於是，有不少聰明的追求者開始向她的母親發射糖衣炮彈，爭取讓未來的丈母娘幫自己一把。

後來，為她的婚事著急的媽媽經常在電話裡勸她：「別等你那窮酸的男朋友了，等他奮鬥出人樣的時候，說不定你也三十出頭了，到時候人家嫌你老了，你再嫁別人也難了。」

媽媽的話她也不反感，她知道母親是為自己的幸福著想，而且說得很有道理，但她總是在電話裡笑著說：「媽媽，沒事的，我的幸福我能抓住！」

追求者們見她媽媽幾次勸說無果，又開始向她的女友們發射糖衣炮彈。

接受了好處的女友們勸她：「我不知道你怎麼想的，有那麼好條件的男人你不珍惜，放過這大好的機會，不好好選選未來的依靠，萬一你心愛的小夥子將來一貧如洗，你的幸福全泡湯了，怎麼辦？將來後悔可來不及了！我看那個周老闆就不錯，人老實不說，事業也不錯。你不妨考慮一下人家嘛！」

她也不反感女友們的勸導，雖然她知道她們都是得了好處的。開始她還講幾句：「即使他以後一無所有，我還

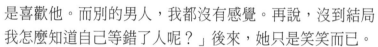

是喜歡他。而別的男人，我都沒有感覺。再說，沒到結局我怎麼知道自己等錯了人呢？」後來，她只是笑笑而已。

而那個她深愛的小夥子，因為太忙碌於事業，平時很少跟她見面，電話也很少打。對於他的「冷落」，女友們很為她不平，覺得她這樣太委屈自己了。而她依然笑笑，平時休息的時候，自己一個人看書。

追求者們看到旁敲側擊都不起作用，有人開始用損招，專門請小姐去騷擾那個小夥子，還請人偷偷拍照，並運用「特殊途徑」傳達給她。當看到那些似是而非的照片時，她越發覺得這些追求者的可笑了，她當然知道自己心愛的人是什麼樣的！

當看到所有的招數都起不到作用後，那些追求者們紛紛敗退下去了，只有一兩個人還在進行著無謂的堅持，把希望完全寄託在經常送鮮花、禮物這種辦法上，希望能夠使她日久生情。然而她，對於送來的鮮花和禮物一律拒收，如果實在推脫不掉，就轉手給身邊的女友們。

日子久了，最後的兩個追求者也敗退了。此時，她心愛的男人事業開始有了起色，能夠經常陪陪她了。而她越來越覺得滿足，一面享受著愛情，一面鼓勵著他繼續奮鬥。

兩年後，他們順利結婚，愛人的事業也蒸蒸日上。

這樣一個多愁善感的女人，卻沒有被周圍人所打動，她相信自己的眼光，也堅持了自己的選擇，最終得到了真正想要的幸福。因此，想要擁有幸福的愛，既要相信自己的眼光，不要被他人製造的謊言、流言所擊中，更重要的是不要被那些為你著想的勸導之言所擊中。

最可怕的不是烏雲遮住了太陽，而是被烏雲遮住了眼睛。

5. 整修寺廟

有一個皇帝想要整修京城裡的一座寺廟，他派人去找技藝高超的設計師，希望能夠將寺廟整修得美麗而又莊嚴。

後來有兩組人員被找來了，其中一組是京城裡很有名的工匠與畫師，另外一組是幾個和尚。

由於皇帝沒有辦法判斷到底哪一組人員的手藝比較好，於是他決定讓他們作一個比較。

皇帝要求這兩組人員，各自去整修一個小寺廟，而這兩個寺廟互相間是面對面的，三天之後，皇帝要來勘驗成果。

工匠們向皇帝要了一百多種顏色的顏料（漆），又要了很多的工具；而讓皇帝很奇怪的是，和尚們居然只要了一些抹布與水桶等等簡單的清潔用具。

三天之後，皇帝來看裝修的結果。他首先看了工匠們所裝飾的寺廟，工匠們敲鑼打鼓地慶祝著工程的完成，他們用了非常多的顏料，以非常精巧的手藝把寺廟裝飾得五顏六色。

皇帝很滿意地點點頭，接著回過頭來看和尚們負責整修的寺廟。他一看之下就愣住了，和尚們所整修的寺廟沒

有塗上任何的顏料，他們只是把所有的牆壁、桌椅、窗戶等等都擦拭得非常乾淨，寺廟中所有的物品都顯出了它們原來的顏色，而它們光澤的表面就像鏡子一般，反射出從外而來的色彩。

那天邊多變的雲彩、隨風搖曳的樹影，甚至是對面五顏六色的寺廟，都變成了這個寺廟美麗色彩的一部分，而這座寺廟只是寧靜地接受這一切。

皇帝被這莊嚴的寺廟深深感動了，當然我們也就知道了最後的勝負。

∵道破禪機∵

保持自我的本色

面對那個被眾多能工巧匠裝飾得五顏六色的寺廟，皇帝卻被和尚們重新擦拭一遍的寺廟更深地感動了。

其實，我們每個人都是那座寺廟，在追求幸福的道路上，與其邯鄲學步把自己裝飾得更華麗出彩、更像某個人，倒不如保持自我的本色，完全呈現出真實的自我反而更能令人心動。

可惜，不少人不懂得其中的禪意，偏偏認為原來的自我毫無魅力可言，只有靠著追求時尚、學會裝飾自己才會更吸引人。當然持這種觀念的人，也不是生而有之，他們或許曾遇到過下面故事裡烏龜那樣的冷遇，才不得不改變自我。但故事告訴人們，那樣只會更不幸。

一隻烏龜在沙灘上曬太陽時，幾隻螃蟹爬過來，它們看到烏龜背上的甲殼嘲笑道：「瞧瞧，那是一隻什麼怪物

啊，身上背著厚厚的殼不說，殼上還有亂七八糟的花紋，真是難看死了！」

烏龜聽後，覺得很羞愧，因為它自己早就痛恨這身盔甲了，然而這是娘胎裡帶出來的，沒法改變，它只能把頭縮進殼裡，來個眼不見、耳不聽，落得個清靜。

誰知螃蟹們見烏龜不反抗，便得寸進尺：「喲，還有羞恥心哩，以為把頭縮進去，就能改變你一出生就穿破馬甲的命運嗎?」烏龜沒有應答，螃蟹自討沒趣地走了。

烏龜等螃蟹們走後，伸出頭，邁動四肢，找到一處礁石，把它的背部靠在礁石上不停地磨，想磨掉那件給它帶來恥辱的破馬甲。

終於，烏龜把背磨平了，馬甲不見了，但弄得全身鮮血淋漓，疼痛不堪。

這天，東海龍王召集文武百官升朝，宣佈封烏龜家族為一等伯爵，並令它們全體上朝叩謝聖恩。

在烏龜家族裡，龍王一眼就瞧見了那隻已沒有馬甲的烏龜，便大怒道：「你是何方妖怪，膽敢冒充烏龜家族成員來受封?」

「大王，我是烏龜呀!」

「放肆，你還想騙朕，馬甲是你們龜類的標誌，如今你連標誌都沒有了，已失去了本色，還有什麼資格說是烏龜?」說完，龍王大手一揮，蝦兵蟹將們就將這隻丟掉本色的烏龜趕出了龍宮。

丟掉了本色的烏龜，在突然降臨的榮譽面前也失去了擁有的資格。那些為了贏得愛情而改變了自我的人，難道不正像這可憐的烏龜嗎？保持自我的本色，哪怕一時沒有

人欣賞自己，也不要放棄自我而盲目改變。相信自己是獨一無二的，欣賞自己的人早已在命中註定，只要你耐心地等待，最終一定會迎來幸福的愛情。

┌┈**禪林清音**┈┐

返本還原便到家，亦無玄妙可稱誇。湛然一片真如性，迷失皆因一念差。

6. 蛇與烏龜

曾經有個青年很懊惱地來到禪師面前，非常痛苦地說：「禪師，我娶了一個美麗的女子，為什麼我很愛她，而她卻一點也不喜歡我？跟我生活在一起，她覺得毫無幸福可言，難道是她身在福中不知福嗎？」

禪師有些詫異，他問：「嫁給你是她的本意嗎？」

「不是的，那是她父親和我的安排，為了她父親的生意！」青年如實回答。

禪師點了點頭，有些明白了，讓小和尚端上茶來，請青年坐下，給他講了一個故事。

一條大蟒蛇和一條小毒蛇是朋友。這天他們在路邊發現了一隻巨大的烏龜。蛇兄弟想，這麼大的個兒，可是一頓美餐啊。蟒蛇說：「我來對付他。」

於是蟒蛇施展自己的絕技，用身體將大烏龜牢牢地纏住。而大烏龜早已將身體縮進了殼裡，任憑蟒蛇怎麼纏繞，也無法傷害到大烏龜。洩氣的蟒蛇氣喘吁吁地爬到了一邊。大烏龜謹慎地露出腦袋，在他露出腦袋的那一瞬

間，小毒蛇閃電般地在烏龜腦袋上咬了一口，大烏龜又急忙縮回殼中。但是幾分鐘後，大烏龜因為中毒而死了。

蟒蛇說：「哇！我花了那麼大力氣也沒能傷害烏龜，你卻輕而易舉地辦到了啊！」

小毒蛇說：「因為我瞭解他的要害。」

可是接下來還有一個問題，大烏龜死後依然縮在殼裡，兩條蛇都是吞食性的動物，而他們又無法脫下烏龜的外殼，最後只好快快地離開了……

講完故事，禪師問青年，你從中悟到了什麼？青年搖搖頭。

禪師語重心長地說：「你妻子就是故事裡的烏龜，而你和你的岳父就是那兩條蛇，雖然你們能夠促成這門婚姻，但你們沒有遵從她的感受，完全忽略了她的幸福，所以你得不到她的愛！」

∴道破禪機∴

強扭的瓜真的不甜

厲害的小毒蛇即便能夠毒死烏龜，卻終究脫不下它的外殼。這個寓言是用來諷刺在愛情上喜歡強求的人。儘管有些人很有辦法得到自己所愛的人，但對方不愛你，你也毫無幸福可言。一句話——強扭的瓜真的不甜！

這句原本世代相傳的老話，傳到今天有人卻認為「雖然強扭的瓜不甜，但我可以加糖」，可是下面的故事再次證明，即使你加了糖，那種「甜」也不是瓜的甜，僅僅是糖的甜而已。

劉老闆是個女人，人很漂亮，雖然年齡不大，生意卻做得很大。

那年她二十八歲，經商已六年，在一次外出談生意的時候，她看中了自己的合作夥伴，比她小半歲的小陳。小陳的生意雖然沒她大，但比她幸福，因為他有一個很好的女朋友。

做事從來不服輸的劉老闆在愛情上也不怯場，她覺得雖然強扭的瓜不甜，但憑自己的魅力和生意上的誘惑，讓小陳多陪在身邊，激起他女友的疑心，憤然離去並不是什麼難事。

於是，她用她的智慧手段，每每談合作的時候，恰如其分地讓一步，讓小陳非常樂意跟她合作。她也借著每次談生意的機會，把自己打扮得嫵媚動人，跟他一起吃飯、聊天，有時還一起約他去唱KTV，甚至包夜。

劉老闆頻繁地約小陳「談生意」，有錢賺小陳自然樂不可支，每次都欣然前往。但他不知道，自己正一步步被套牢。因為，劉老闆那麼頻繁地和他談生意，而且有時要唱整晚的KTV，自然會讓他的女友起疑心。

但這些，他起初都沒有想過。直到有一天，他的女友給他留下一封分手信去了別的城市，他才明白自己跟劉老闆走得太近，讓女友誤會了。可惜的是，敏感的女友根本沒有給他解釋的機會。

無奈之下，他只好掩飾著憂傷繼續與劉老闆生意往來。

而他與女友分手的事，劉老闆很快就得到了消息。在她看來，已經走完了第一步，接下來，她可以找機會發起

攻勢了。

每天一個電話，有空就發幾條曖昧的短信，讓剛剛失戀的小陳覺得失去了女友，還有更好的女人在關心著他。然而這一切在小陳看來，全當是開朗的劉老闆開的玩笑，當然，感激之情還是有的。

後來，劉老闆終於準備投懷送抱了。她借著和小陳吃飯的機會，故意吃到很晚，席間還說了許多小陳如何如何好的話，不像某些做生意的男人對她毛手毛腳的。最後，借著酒勁，帶小陳去了KTV包廂。在那裡，她又要了許多啤酒，終於兩個人都喝醉了，發生了那種事。

第二天醒來，劉老闆借機把小陳給纏住了，做事負責的小陳也只好接受了她的愛情。

此時，劉老闆覺得已經大功告成，她開始籌備買別墅辦婚事。不出一個月，她就如願地與小陳結婚了。

然而蜜月還沒度完，她就發覺小陳並沒有因為娶到自己而高興，反而整天愁容滿面，把自己當仇人一樣。但她依然心存僥倖，覺得日子久了他應該能真的喜歡上自己吧。

可是誰知，過了三個月，小陳提出離婚。理由是：他無法忍受自己的老婆外出談生意時，和別的男人一起進KTV包廂。這讓劉老闆又喜又憂，令她欣喜的是小陳可能因為在乎自己才反對自己和別的男人一起去唱歌，不然他有什麼可擔心的；憂的是，雖然她決定自己以後不再談生意了，全讓小陳去談，可是小陳卻不答應，他老說什麼，能和自己發生那種事，說不定和許多男人發生過了。這話在劉老闆聽來十分生氣，但她又無從解釋。其實，小陳是

覺得和她在一起不幸福，故意拿這些話為難她而已。

兩人陷入了冷戰，劉老闆死活不同意離婚，而小陳已經和她分居，並開始談起了新的戀愛。最終，迫不得已，劉老闆只好同意離婚。

在離婚簽字的時候，劉老闆非常感慨：「強扭的瓜真的不甜，哪怕我加了糖，也只不過嘗到了糖的甜味，瓜的甜味一點也沒嘗到。」

強扭的瓜真的不甜，每個人在選擇愛情的時候，要尊重對方的本意，不要自以為是地為愛而攻城掠地，否則得不償失。

·禪林清音·

強扭的瓜不甜，強求的姻緣難圓，萬事若能隨緣，離解脫已然不遠。

7. 選妻子

有位青年已獨身多年，非常孤獨，他下定決心娶個妻子來告別單身。

有一天，他途經某地，聽說那裡有座神秘的禪寺，能夠助人找到幸福。於是他欣然前往，希望得到禪師的開示，助他找到如意美妻。

當他來到那座禪寺，一位小和尚笑盈盈地站在門口迎他，並帶他入寺。

青年向禪師說明來意之後，禪師神秘地說：「許多年前，為了眾生早日找到幸福，我寺前住持曾設下一道道

『幸福門』,走進去的人最終都找到了幸福。現在,請你到隔壁的房間去,那裡有許多門,每道門上都寫著你想要的對象的條件,供你選擇。記住,你的幸福完全掌握在你自己的手裡。」

青年謝過了禪師,向隔壁的房間走去。

裡面的房間裡有兩個門,第一個門上寫著「終生的伴侶」,另一個門上寫的是「至死不變心」。青年很忌諱那個「死」字,於是便邁進了第一個門。接著,又看見兩個門,左邊寫著「美麗、年輕的姑娘」,右面則是「富有經驗、成熟的婦女和寡婦們」。

你們當然可想而知,左邊的那扇門更能吸引他的心。可是,進去以後,又有兩個門。上面分別寫的是「苗條、標準的身材」和「略微肥胖、體型稍有缺陷者」。用不著多想,苗條的姑娘更中青年的意。

青年感到自己好像進了一個龐大的分檢器,在被不斷地篩選著。下面分別看到的是他未來的伴侶操持家務的能力,一個門上是「愛織毛衣、會做衣服、擅長烹調」,另一個門上則是「愛打撲克、喜歡旅遊、需要保姆」。當然愛織毛衣的姑娘又贏得了青年的心。

他推開了把手,豈料又遇到兩個門。這一次,令人高興的是,「幸福門」把各位候選人的內在品質也都分了類,兩個門分別介紹了她們的精神修養和道德狀態:「忠誠、多情、缺乏經驗」和「有天才、具有高度的智力」。

青年確信,他自己的才能已能夠應付全家的生活,於是,便邁進了第一個房間。裡面,右側的門上寫著「疼愛自己的丈夫」,左側寫的是「需要丈夫隨時陪伴她」。當

然青年需要一個疼愛他的妻子。

接下來的兩個門對青年來說是一個極為重要的抉擇：上面分別寫的是「有遺產，生活富裕，有一幢漂亮的住宅」和「憑工資吃飯」。

理所當然，青年選擇了前者。

青年推開了那扇門，天啊……已經走出禪院啦！門口那位小和尚向青年走來，什麼話也沒有說，彬彬有禮地遞給他一個信封。青年打開一看，裡面有一張紙條，上面寫著：「您已經挑花了眼。人不是十全十美的。在提出自己的要求之前，應當客觀地認識自己。」

··道破禪機··

眼光別太高

這個青年也不掂量下自己的斤兩，一心只想找更好的伴侶，巴不得人家十全十美，結果只能出局。正所謂：癩蛤蟆想吃天鵝肉，永遠是白日做夢。

下面這個女孩有所不同，因為她自身條件確實像天鵝般優越，可惜也找不到合適的伴侶。

她無論是相貌、身材、氣質、才藝、學歷、家庭背景，還是所從事的工作都是一流的。

她從小在讚美聲中長大，養成一身傲氣。但她一直以來並沒有意識到這一點，拒絕了一個又一個追求者，一直孑然一身。

身邊開始有很多朋友半開玩笑半認真地問她：是不是標準太高了呀？以前每次碰到這樣的問話，她都一直說不

是，只是沒有遇到合適的而已。

可是近來，她不得不開始檢討自己了——為什麼遇到過這麼多人就是沒有合適的，是不是我的眼光真的太高了？

為什麼自己總是覺得那些追求我的人，太矮或太醜或太小氣或太沒能力？也許我不該給別人挑刺，可是我心裡就是覺得那些人配不上自己。也有一些比較知心的朋友對我說，不要太著急，找一個陪自己過後半生的人是一定要慎重的，我的父母也這麼說，讓我仔細選擇。可是我怎麼選擇呢？我沒法讓自己去喜歡上那些人。看著身邊人都早已出雙入對，真的很羨慕人家的甜蜜，真怕自己再這樣下去會一輩子嫁不出去。

但轉念一想，其實我也不是看不上身邊的所有人，我也有過偷偷喜歡的人，也對一些人產生過好感，可是人家都早已有了女朋友。這些人中也不乏對我表示過好感的，可是我知道人家和女朋友有多年的感情，怎麼好去做第三者呢？

因此，現在的矛盾就是，愛我的人我不愛，我愛的人不愛我，或是我沒法去愛。

我以前一直堅信總會有那麼一天遇見那麼一個人，可是一天一天下來，遇見的人越來越讓我失望，我不能不對自己的未來產生懷疑，甚至快要絕望了，我覺得我找不到稱心合意的了。

我也知道人不可能是完美的，我自己當然也不是，我只希望找一個能產生感覺的、能讓自己動情的，可是我沒法對追求我的那些人產生任何感覺。我的歲數也不小了，

雖還不至於是老姑娘，但是身邊的人幾乎就剩自己是單身了，非常渴望愛情，我該怎麼辦？

迫於無奈，這個女孩帶著苦惱去見一位心理老師，希望能有所獲益，找到愛情的出路。

結果心理老師聽她說完，就說了一句話：「其實，你只要以後不再太幻想，也不要太現實就好了。」

見她還是一頭霧水，心理老師又接著說：「不要為了結婚而結婚，應當選一個『門當戶對』的；拒絕人時要緩一緩，畢竟好多人交往一段時間後才能發現他的優點，不要再奢求十全十美；對未來要充滿信心，同時要懂得順其自然、隨遇而安。」

她聽後有些明白了，回去後調整了自己的心態，結果不出半年，她真的找到了適合自己的伴侶。

由這兩個故事，我們發現，無論自身條件好與壞，眼光太高都會令自己不得不忍受孤獨的折磨。所以，在愛情方面，除了緣分，還應適當地調整自己的標準和心態，讓心靈變得現實一點，不求十全十美，只求適合、舒服。

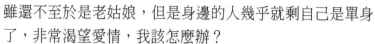

　　花兒戀著蝴蝶，只是一種淒美的願景，而真正適合花兒的卻是綠葉。

8. 雪竇非信差

雪竇寺在浙江寧波四明山中，歷代高僧頻出，都以雪竇為名，但禪宗公案中的雪竇禪師是指正脈的雪竇重顯禪

師，不可誤認。

雪竇大師慈悲心切，誨人不倦地傳播著佛法真諦，讓人徹悟人生的本來意義，在禪林中獨樹一幟，標新立異。天下的學人士子，衲子奇僧，無不爭相趨騖，切磋印證。一時間，其他禪宗派系都顯得衰落，唯有雲門一枝獨盛，所以天下稱之為「雲門中興」。

當初，雪竇禪師在淮水旁遇到太守曾會先生。

曾會問道：「禪師，您要到哪裡去？」

雪竇很有禮貌地回答道：「也許往錢塘，也許往天臺方面去看看。」

曾會就建議道：「靈隱寺的住持珊禪師跟我很好，我寫封介紹信給您帶去，他定會好好地待你。」

可是雪竇禪師到了靈隱寺時，並沒有把介紹信拿出來求見住持，一直在大眾中過了三年。曾會於三年後奉令出使浙江時，到靈隱寺去找雪竇禪師，但寺僧卻沒有人知道有這麼一個人。

曾會不信，便自己去雲水僧所住的僧房內，在一千多位僧眾中找來找去才找到雪竇，便問道：

「為什麼您不去見住持而隱藏在這裡？是不是我為你寫的介紹信丟了？」

雪竇：「不敢，不敢，因我是一個雲水僧，一無所求，所以不做你的郵差呀！」

隨即他從袖裡拿出介紹信原封不動地交還給曾會，兩人哈哈大笑。

曾會將雪竇引見給住持珊禪師，珊禪師甚惜其才，後蘇州翠峰寺缺住持時，就推薦雪竇任了住持。

幸福往往垂青有尊嚴的人

雪竇雖然一無所有，但他仍不肯做「信差」，儘管他知道那能改變自己的生活。命運並沒有因此而冷落他，最後雪竇甚得大師欣賞成為了住持。

尊嚴不僅僅是一個人生存發展的根本，同時，它也會帶來幸福的垂青。

一個寒冷的冬天，南加州沃爾遜小鎮來了一群逃難的人。他們面呈紫色，疲憊不堪。善良而樸實的沃爾遜人家家燒火做飯，款待他們。這些逃難的人，顯然很久沒有吃到這麼好的東西了，他們連一句感激的話也顧不上說，就狼吞虎嚥地吃了起來。

只有一個人例外，這是一個臉色蒼白、骨瘦如柴的年輕人。當鎮長傑克遜大叔把食物送到他面前時，他仰起頭問：「先生，吃您這麼多東西，您有什麼活需要我做嗎？」傑克遜大叔心想，給一個逃難的人一頓飯吃，每一個善良的人都會這麼做。於是他回答：「不，我沒有什麼活需要您做。」

這個年輕人的目光頓時灰暗了，他的喉結上下動了動，說：「先生，那我不能吃您的東西，我不能不勞動就得到這些食物。」傑克遜大叔想了想，說：「我想起來了，我家確實有一些活需要您幫忙，不過，等您吃過飯，我再給您派活兒。」

「不，我現在就做，等做完了您的活，我再吃這些東

西！」年輕人站起來說。傑克遜大叔十分讚賞地望著這位年輕人，他知道如果不讓他幹活兒，他是不會吃東西的。思量片刻後，傑克遜大叔說：「小夥子，你願意為我捶捶背嗎？」說著就蹲在這個年輕人跟前。年輕人也蹲下來，輕輕地給傑克遜大叔捶背。

捶了幾分鐘，傑克遜大叔感到十分愜意。他站起來說：「好了，小夥子，你捶得好極了，剛才我的腰還很僵硬，現在舒服極了。」說著將食物遞給了年輕人。

年輕人立刻狼吞虎嚥地吃起來。傑克遜大叔微笑地注視著他說：「小夥子，我的莊園需要人手，如果你願意留下的話，我太高興了。」

年輕人留了下來，很快成了傑克遜大叔莊園裡的一把好手。過了兩年，傑克遜大叔把自己的女兒嫁給了他，傑克遜對女兒說：

「別看他現在什麼也沒有，可是他以後百分之百是個富翁，因為他有尊嚴！」

二十年後，這個年輕人果然擁有了一筆讓所有美國人都羨慕的財富。他就是石油大王哈默。

哈默在窮困潦倒之際仍然有自尊、自立的精神，贏得了別人的尊敬和欣賞，也為自己帶來了好運和幸福。因此，要想獲得好的姻緣，保持自己做人的尊嚴是不可或缺的。

‥禪林清音‥

愛情不是避難所，想進去避難的話，是會被趕出來的。

9. 從河面上走過去

釋迦牟尼有一天在恒河的南岸說法，有一位信徒知道天底下最有智慧的人在那裡說法，就從恒河的北岸走了很遠的路去南岸聽說法。但是到了恒河北岸之後，他發現無法過去，若要繞路，走到對岸法會可能已經結束了。怎麼辦呢？

他問旁邊的船夫：「請問這河水深不深，可不可以過去？」

船夫說：「淺淺的而已，差不多到膝蓋。」

那個人聽了以後很開心，說：「那我可以走過去了！」結果他從河面上走了過去。

在恒河南岸聽法的人，看到有一個人從河面上走過來，都嚇壞了，因為河水有好幾丈深。

他們就問佛陀：「這是不是菩薩的化身？要不然他怎麼能從河面上走過來？」

佛陀說：「他不是菩薩的化身，他跟你們一樣，只不過他對我所說的辦法有絕對的信心，所以他從河面上走過來了。」

·道破禪機·

有自信才有魅力

有自信的人，才可能像那個過河的信徒一樣，創造出出人意料的奇蹟。在愛情方面，自信心也是一個人魅力的

終極表現。

　　曾有人用調查問卷的形式問過不少女性，讓她們回答男性的魅力應表現在哪些方面，結果發現幾乎所有的答案都是相同的——男性的魅力不在於容貌，不在於健壯，不在於高矮，也不在於所謂的「男子氣概」，而在於自信。

　　一位女大學生說道：「只要一看他的眼睛，我就知道我是否應該愛他。」

　　一位女醫生也說：「如果他的眼睛老是在轉動，那說明他缺乏自信心；如果他的眼睛不敢和我對視，那他就不配成為我的心上人。」

　　在當代女性眼中，有自信的男子最有魅力。作為女子，誰不希望自己能與一個頂天立地的男子漢共同生活，哪一個不希望自己的終身伴侶是一個堅毅、剛強、不畏任何艱難困苦、敢於面對挑戰、不斷追求進取的強者？誰又願意與一個怕苦怕累、對生活毫無信心、悲觀失望、渾渾噩噩的男人相依為命？

　　一個男人如果沒有自信心，就不可能堅強、勇敢、大膽、無畏、積極地追求生活目標和美好未來，也就不可能形成男人特有的風度——男子漢風度。

　　只有當一個男人對未來始終充滿信心時，才可能在與人相處時，表現出一種寬廣的胸懷、一種敢於擔當的責任感以及笑對生活的幽默與樂觀。所以有不少女性認為，自信才是男子漢的風度之源。

　　曾經有一個女孩，在兩個男孩之間選擇，左右為難，因為他們倆都很優秀。

　　其中一個家庭條件很好，就是為人略顯傲氣，但他在

女孩面前一點也不傲；另外一個男孩，家境一般，但人人都說他人品好，能力強。

為了做出不後悔的選擇，這個女孩和她正在讀心理學博士的表姐聊起了這個話題。

表姐聽完她的情況，笑著說：「下次，我和你一起分別與他倆吃頓飯，你就有答案了。」

一週後，她們一起分別和那倆男孩一起進餐。

表姐像考試一般，問了他倆同一個問題。「現在房價這麼高，你決定怎樣買房結婚啊？」

家境好的男孩很輕鬆地說：「這個問題好辦，讓我爸媽替我交個頭期款，其餘的由我來還。如果月開銷過高的話，我爸媽會幫我一點，總之不會有太大負擔！」

表姐對他的回答付之一笑。

家境一般的男孩很平靜地說：「這個問題對我而言比較困難，我爸媽恐怕連頭期款都幫不了我。但我不會灰心，『房子是女人的安樂窩』這話沒錯，但它畢竟是人生的附屬品而不是目標。我會努力先發展事業，相信該有的都會有的。如果一個女孩因為我暫時沒房子而放棄我，我想我也不會有什麼惋惜的。」

表姐對他的回答肅然起敬。

回去的路上，表姐對她說：「一個男人真正的信心不是表現在他已經取得成就時，而是表現在他兩手空空什麼都沒有的時候。我很看好第二個男孩，雖然他眼下一無所有，但又感覺一切都在他的掌握之中；而第一個男孩總是動不動就想到靠父母，這樣的人恐怕經受不起挫折！」

那個女孩聽完表姐的分析，心裡也明朗多了，最後選

擇了家境一般的男孩。

五年後，她想要的房子、車子都擁有了，而那個家境好的還在還貸款。

因此，一個男人要培養自己的魅力，應當首先從培養自信心開始。若拋開了自信心，一切的風度、品質、錢財、地位都只不過是空中樓閣。

・・禪林清音・・

愛情從希望開始，到絕望結束。

10. 行腳的小沙彌

老和尚帶著小沙彌出門行腳，無論行走在廣闊無邊的叢林或翻山越嶺，老和尚都逍遙地走在前面，小沙彌背著行李緊跟在後。一路上兩人相互照應，彼此為伴。

小沙彌走著走著，心想：難得人生，但短短幾十年生命卻必須經歷生老病死，受六道輪迴之苦，真苦啊！不過，既然要修行，就要立志當菩薩救度眾生，因此我不能懈怠，要趕快精進才行！想到這裡，走在前面的老和尚突然停下腳步，面露笑容地回頭對他說：「來，包袱讓我來背，你走我前面。」

小沙彌雖然感到莫名其妙，但仍照老和尚的指示，放下包袱走在前面。

走著走著，小沙彌覺得這樣真是逍遙自在啊！而佛經裡說，菩薩必須順應眾生的需要而行各種佈施，「這真是太辛苦了！況且天下眾生苦難多，到何時才能救得完呢？

不如獨善其身，過這種逍遙自在的日子！」

　　這念頭一起，就聽到老和尚很嚴厲地對他說：「你停下來！」

　　小沙彌趕快回頭，看到老和尚嚴肅的面容，嚇了一跳！老和尚將包袱拿給他說：「包袱背好，跟在我後面走！」小沙彌想：做人真苦！剛才自己還那麼開心，才一轉眼就變得很難過，人的心念真是不穩定啊！

　　「凡夫心很容易動搖，還是修菩薩行好，起碼我可以面對苦難眾生，跟很多人結好緣，做一些我做得到的本分事。」這時，老和尚又面帶笑容地回頭招呼他，並將行李拿去自己背，請他走在前面。

　　小沙彌就這樣反覆地走在前、走在後，直到第三次再走在後面時，老和尚又用很嚴厲的態度對待他。

　　小沙彌終於忍不住心中的疑惑，請問道：「師父，您今天為什麼一下子要我走前面，一下子又要我走後面，到底是怎麼一回事呢？」

　　老和尚說：「你雖然有心修行，但是道心不堅固。感動時就發大願，卻又很快退失道心。這樣進進退退，要到什麼時候才能成就？」

　　聽到老和尚這麼說，小沙彌感到很後悔。當他又生起菩薩心時，老和尚要他走在前面，他就不敢了。他說：「師父，這次我是真正領悟了，要以萬丈高樓平地起的大心大願為道基，一步一步向前精進。」

　　老和尚聽了很高興，對小沙彌也生出讚歎、尊重之心，一路上兩人有說有笑地並肩走著。

白玫瑰與紅玫瑰

　　小和尚感動時就發大願，卻又很快退失道心，意志如此不堅定，自然老落在老和尚後面。只有當他真正悟出真諦，要以萬丈高樓平地起的大心大願為道基，一步一步向前精進時，才能與老和尚肩並肩一起走。愛情的選擇也會遇到這樣的事，讓你選左不是，選右不是，吃著碗裡的惦記著鍋裡的，到頭來兩頭都吃不到。

　　「他是個才子啊！」有人指著他告訴她。她不經意瞥了一眼，卻恰巧撞到了他的目光。她怔了兩秒鐘，之後坦然地衝他笑了一下。

　　「他是才子嗎？」第二天她指著他問另一個好友。

　　「是啊，他還有一個很漂亮的女友呢。」她的好友感歎著告訴她，她於是好奇地注意上了他。

　　那時真是閑得無聊了！若干年後回想起當年的時光，她邊想邊笑自己。

　　或許也真是因為好奇吧，總之，後來每場有他參加的球賽，她都一定會去看。那時，她真是漂亮啊！所以，當她在場外歡呼著加油的時候，便會順理成章地吸引場下所有男生的目光。就像他可以吸引場下所有女生的目光一樣。再後來，每個由他主持的活動，無論是演講比賽、知識競賽還是校園模特大賽，她都一定會參加，也一定會贏。她又是個多麼聰明的女孩啊！

　　這樣的女孩，又怎麼可能吸引不了他的注意呢？於

是，他真的注意到她了。而那時，他上大三，是長她兩級的同系學長。或許也正是因為同系的緣故吧，那以後，他們就常在一起了。一起吃飯，一起看書，一起爬山，等等。

一個週日，他遠在另一所大學的女友來看他了。他當然要陪她在校園裡四處轉轉。轉到化學系樓下的時候，他們遇上了她。

「學長好！」她笑著衝他打了聲招呼，與他擦肩而過。他的目光隨她轉了半個圈。那天她穿著墨綠色布製的長「A」字裙，上身是一件帶小帽子的T恤衫，高高的馬尾束起來，亮麗、活潑而又不失大方。

「她真漂亮。」他的女友微笑著對他說。其實他的女友也很漂亮。或許在那時，她在等他說「你比她更漂亮」吧，可惜他沒有說。他的女友也是聰明的，便像沒事人一樣岔開了話題，不過她臉上的笑容減去了幾分，而他的大腦中始終閃著的也並不是女友的影子。

送走女友後，他始終在想，究竟這兩個同樣漂亮，同樣聰明的女孩哪個更好一些，他又更喜歡哪個呢？坐在學校的石椅上想了許久卻沒有答案。在這期間他想到了和女友吵架的情景，還想到了她的好。直到她坐到了他身邊，他才從凌亂的比較中掙脫出來。「嫂子真漂亮。」她說。她笑的時候眼睛上像蒙了一層霧，讓人看不清她的心思。終於，在那個美麗的夜晚，他選擇了她。第二天，他和他的女友分手了。他的女友是那種十分理智的人，儘管傷心，卻好合好散。

「他是幸運的。」有人說。是啊，有的人一生也遇不

上一個既漂亮又聰明的女孩，而他遇上了兩個，並且離開他的那個還那麼大度。

只是當兩個人真正走到一起之後，摩擦也不可避免。他們吵架了，就像當年他和他的女友吵架一樣。他有些後悔了。他又想起了前女友種種的好。他想那時他們雖然吵架，擁有的更多的卻是快樂。那時他還沒有讀過張愛玲的小說，不知道《白玫瑰與紅玫瑰》的故事。他還一直以為，那種故事只適合女孩子讀。就這樣，他們每天湊到一起就吵。一轉眼，他要畢業了。在畢業前的一個夜晚，他們分手了。

她也是極理智的。她祝他幸福，然後就一個人沿校園長長的小路走了回去。在路上，她的淚才無聲地滑落下來，而他永遠也不會知道。

他終於找到了他的前女友。巧的是他們一個在銀行，一個在律師樓，而且居然只隔了一條街！他提出與前女友和好，前女友卻笑著拒絕了。但前女友送了他一本書，他打開來，第一頁就是《白玫瑰與紅玫瑰》中的那句話：「選了紅玫瑰，白的就是『床前明月光』；選了白玫瑰，紅的就是心口上那顆朱砂痣。」

他的前女友笑著對他說：「你永遠比較不完的。」

看著前女友遠去的背影，他愣住了，他的手裡還抱著那本書。是啊，他恍然大悟，原來愛情本身就是一場關於玫瑰的選擇。而面對兩枝同樣漂亮的玫瑰，無論選哪一枝都會留下永遠的遺憾，因為只有得不到的那枝才是最美的。

你看，有的人一生也遇不上一枝漂亮的玫瑰，他卻一

下子就遇上了兩枝。他苦笑著想，自己究竟是幸運的還是不幸的？原來，最痛苦的，不是沒有邂逅，而是面對兩枝同樣漂亮的玫瑰，你要麼選擇其中之一，要麼就只有全部失去。因為，無論是誰，都不可能一下子擁有兩枝漂亮的玫瑰。

禪林清音

取捨，取捨，無論先取後捨，還是先捨後取，只能一取一捨。

第二篇　從容拿起　淡然放下

1. 遇到觀音菩薩的人

　　有一個人一天晚上碰到了觀音菩薩，觀音菩薩告訴他說：「有大事就要發生在你身上了，你會有機會得到很大的財富，在社會上獲得卓越的地位，並且娶到一個漂亮的妻子。」

　　這個人很高興，他終其餘生都在等待這個奇異的承諾，可是什麼事也沒有發生。

　　這個人窮困地度過了他的一生，最後孤獨地老死了。當他臨死時，又看見了觀音菩薩，他對菩薩說：「你說過要給我財富、很好的社會地位和漂亮的妻子，我等了一輩子，卻什麼也沒有。」

　　觀音菩薩回答他：「我沒說過那種話。我只承諾要給你機會得到財富、一個受人尊重的社會地位和一個漂亮的妻子，可是你讓這些機會從你身邊溜走了。」

　　這個人迷惑了，他說：「我不明白你的意思。」觀音菩薩回答道：「你記得曾經有一次你想到了一個好點子，可是你沒有行動，因為你怕失敗而不敢去嘗試。」

　　他點了點頭。

　　觀音菩薩繼續說：「因為你沒有去行動，這個點子幾

年以後給了另外一個人，那個人一點也不害怕地去做了，你可能記得那個人，他就是後來變成全國首富的那個人。還有，你應該記得，有一次發生了大地震，城裡大半的房子都毀了，好幾千人被困在倒塌的房子裡，你有機會去幫忙拯救那些存活的人，可是你怕小偷趁你不在家的時候到你家裡去打劫偷東西。你以這作為藉口，故意忽視那些需要你幫助的人，只是守著自己的房子。」

這個人不好意思地點點頭。

觀音菩薩說：「那是你去拯救幾百人的好機會，而那個機會會使你在城裡得到多大的尊崇和榮耀啊！」

「還有，」觀音菩薩繼續說，「你還記不記得有一個頭髮烏黑的漂亮女子，你曾經非常強烈地被她吸引，你從來不曾那麼喜歡過一個女人，之後也沒有再碰到過像她這麼好的女人。可是你想她不可能會喜歡你，更不可能會答應跟你結婚。你因為害怕被拒絕，就讓她從你身邊溜走了。」

這個人又點了點頭，可是這次他流下了眼淚。

觀音菩薩說：「施主，就是她！她本來該是你的妻子，你們會有好幾個漂亮的小孩，而且跟她在一起，你的人生將會有許許多多的快樂。」

·∵道破禪機∵·

該出手時別猶豫

每個人一生都會有幸福的機會降臨，那是你命中最好的緣分，但是這並不意味著你什麼都不用做，就可以得

到。還需要你主動出擊，千萬別猶豫，否則再好的緣分也會失去。

在印度曾有一位知名的哲學家，天生一股文人氣質，不知迷死了多少美女。某天，一個女子來敲他的門，她說：「讓我做你的妻子吧，錯過我，你將再也找不到比我更愛你的女人了！」

哲學家雖然也很中意她，但仍回答道：「讓我再考慮考慮。」

事後，哲學家用他研究學問的一貫精神，將結婚和不結婚的好壞所在分別羅列下來，才發現，好壞均等，真不知道該如何抉擇。

於是，他陷入長期的苦惱之中，無論他又找出了什麼新的理由，都只是徒增選擇的困難。

事後他得出了一個結論──人若在面臨抉擇而無法取捨的時候，應該選擇自己尚無經驗的那一個。不結婚的處境我是清楚的，但結婚會是個怎樣的情況，我還不知道。對，我該答應那個女人的要求。

哲學家來到那個女人的家中。問女人的父親說：「你的女兒呢？請你告訴她，我考慮清楚了，我決定娶她為妻！」

女人的父親冷漠地回答：「你來晚了十年，我的女兒現在已經是三個孩子的母親了！」

哲學家聽了，整個人幾乎崩潰，他萬萬沒有想到，向來自以為傲的哲學頭腦，最後換來的竟是一場悔恨。

此後兩年，哲學家抑鬱成疾，臨死前，將自己所有的著作都丟入火堆中，只留下一段對人生的批註──如果將

人生一分為二，前半段人生哲學是「不猶豫」，後半段人生哲學是「不後悔」。

人的一生很少會因為做過什麼而後悔，但往往會因為沒有做過什麼而後悔。美好的姻緣總是在你不經意間閃現，或是在某個地鐵出口，或是在某個人潮湧動的街頭，它不會為誰停留等候，更不會光顧猶豫的人，只有你勇敢地出手，才有可能獲得。

∴禪林清音∴

在幸福的十字路口，不彷徨猶豫才能不後悔。

2. 大蔥變洋蔥

虛塵大師讓小和尚去買些大蔥，馬虎的小和尚買來的卻是洋蔥，還為自己的錯誤辯解說：「洋蔥和大蔥本來就差不多嘛！」

虛塵大師說：「偶然犯一次錯誤算不了什麼，養成了馬虎的習慣危害可就大了。」接著，他給徒弟講了一個「差不多」先生的故事。

差不多先生有一雙眼睛，但看得不很清楚；有兩隻耳朵，但聽得不很分明；有鼻子和嘴，但他對於氣味和口味都不很講究；他的腦子也不小，但他的記性卻不很精明，他的思想也不很細密。

他常常說：「凡事只要差不多就好了。何必太精明呢？」

他小的時候，他媽叫他去買紅糖，他買了白糖回來，

他媽罵他，他搖搖頭道：「紅糖白糖不是差不多嗎？」

他在學堂的時候，先生問他：「直隸省的西邊是哪一省？」他說是陝西。

先生說：「錯了。是山西，不是陝西。」他說：「陝西同山西不是差不多嗎？」

後來他在一個店鋪裡做夥計，他也會寫，也會算，只是總不精細，十字常常寫成千字，千字常常寫成十字。掌櫃的生氣了，常常罵他，他只是笑嘻嘻地賠小心道：「千字比十字只多一小撇，不是差不多嗎？」

有一天，他為了一件要緊的事，要搭火車到上海去。他從從容容地走到火車站，遲了兩分鐘，火車已開走了。他乾瞪著眼，望著遠遠的火車上的煤煙，搖搖頭道：「只好明天再走了，今天走同明天走，也還差不多。可是火車公司，未免太認真了。8點30分開，同8點32分開，不是差不多嗎？」

他一面說，一面慢慢地走回家，心裡總不很明白為什麼火車不肯等他兩分鐘。

有一天，他忽然得了急病，趕快叫家人去請東街的汪先生。那家人急急忙忙地跑去，一時尋不著東街汪大夫，卻把西街的牛醫王大夫請來了。

差不多先生病在床上，知道尋錯了人，但病急了，身上痛苦，心裡焦急，等不得了，心裡想到：「好在王大夫同汪大夫也差不多，讓他試試看吧。」於是這位牛醫王大夫走近床前，用醫牛的法子給差不多先生治病。不到一個小時，差不多先生就一命嗚呼了。

差不多先生差不多要死的時候，還斷斷續續地說

道：「活人同死人也差……差……差……不多……凡事只要……差……差……不多……就……好了……何……何……必……太……太認真呢？」他說完這句話，方才氣絕了。

虛塵大師說：「我們幹什麼事都要認真嚴謹，千萬不能像『差不多』先生這樣馬馬虎虎，否則，不僅害了自己，還可能害了別人。」

小和尚慚愧地低下了頭。

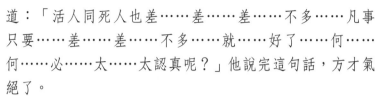

·道破禪機·

愛情不是隨便湊合

「差不多」先生看似豁達、開通，其實是對自己、對他人不負責任。愛情選擇上若也報以「差不多就行」的態度，難免會遇上一個差很多的，到時候不僅耽誤了自己的幸福，還影響了別人的幸福。

時下的生活節奏越來越快，人在生活的圈子中都會環顧左右，也會互相比較，尤其是大家都可能得到的經歷而自己卻沒有經歷過時，心就如野火燎原般。比如愛情，當看到他人成雙成對，一個個在無名指上戴戒指，卿卿我我，自己仍是形單影隻，難免會心有壓力帶來恐慌。在外界的極度誘惑，心中的絕對恐慌，心裡的難受、嫉妒、渴望下，讓自己心急如焚，聯想自己的情感世界，希望一覺醒來就能擁有。

這其實是一種愛情的恐慌心理，有不少人就是在這種心理狀態下，迫不及待地選擇了愛情對象。越是恐慌的

人，在選擇時越是不加考慮，甚至有的人覺得只要是個男人（女人）就行，這種想法就是湊合心理。但這種過於馬虎的選擇，往往會給後來的生活帶來痛苦。

小馮就是這樣一個大齡女青年，論條件她還不錯，工作穩定、面容姣好，可惜人都30歲了，一直沒找對象，可把她父母給急壞了。

起初，小馮也不著急，在她的觀念裡覺得現在正是享受自由的時候，等真要嫁人了，可就再也沒有這樣的機會了。所以，她一路拒絕了許多追求者，讓人家覺得她高不可攀。

可是就在她30歲那年，和她一起信奉單身自由主義的五個女友都結婚嫁人了，速度之快，令她反應不過來。原來，人家都是在享受單身的時候，還一邊物色著好男人，等真正覺得想結婚了，直接領證就行了。看著女友們一個個走進婚姻的殿堂，從此不再有人陪她一起瘋狂，她開始有些失落，也覺得自己該嫁人了。

於是，她開始把找對象提上日程。可是，等她真正想找時才發現，好男人似乎都滅絕了，剩下的全是被別人挑剩下的。無奈之下，她只得趁自己還不到31歲時，嫁給了一個小老闆。

在她看來，只要不被自己養活，是個男人就行了，別的還真沒啥挑的。所以，她的婚姻也速戰速決。

可是沒想到，她降低了要求，隨便湊合了一段婚姻，也沒能讓她舒心。

那個小老闆年齡比她大五歲，之所以老沒結婚，其實是為了和多個女人瞎混而沒人能管他。這下結婚了，他起

初還很老實，但不出半年，就覺得家花沒有野花香，又出去瞎混了。這對小馮來說，確實始料未及，但也沒有多傷心，畢竟她對他也沒那麼深的感情。為了不獨守空房，她也開始在外面找情人。

就這樣又在一塊熬了半年，後來兩人覺得實在沒意思，就離婚了。

離婚後小馮雖然感情沒受多大傷害，但她很後悔，和那個男人隨便湊合了兩年多，自己年齡更大了，再加上離過婚，再找對象就更難了。

愛情要隨緣，可以是日久生情，也可以是一見鍾情，但絕不能隨便湊合。聰明的人不會為了戀愛而隨便找個人戀愛，更不會為了結婚而隨便和一個人結婚。

·:禪林清音·:

若你隨便撿起一個貝殼當寶，漸漸地你會發現它可能是最糟糕的一個。

3. 鴨子與天鵝

曾有一個窮苦的書生，一直未娶妻，因為他總盼望著有朝一日能成為當朝駙馬。結果等了許多年，也沒有等來那個機會。

有一天，他路過一個寺院，上完一炷香，和禪師聊了起來。

他問禪師：「你說我想當駙馬有錯嗎？為什麼上天不給我安排這個機會？」

禪師笑而不答。

書生十分生氣，準備要走。這時候禪師讓小和尚上茶，請書生坐下來，給他講了一個故事。

從前，一天有一隻美麗的天鵝落在地上時，看見了一隻健壯的鴨子，她立刻被這隻帥氣的鴨子所打動，她驚詫於鴨子不同於她同類的模樣，不同於她同類的氣質，是那麼有型，那麼另類。

於是，天鵝向鴨子表明了愛意。受寵若驚的鴨子立刻接受了這份愛。

從此，天鵝與鴨子在土地上生活著，在泥塘邊生活著。

天鵝那高貴而雪白的羽毛一天天被汙髒了；天鵝那以前不會長期行走的美麗小腳紅腫了；天鵝失去了雲彩的撫摩，藍天的洗滌。

天鵝終於忍不住了，她總是在說：「鴨子，鴨子，你學習飛翔啊，那我們就可以一起在高空中比翼雙飛了。」

鴨子為了天鵝而努力學習飛翔，可惜他只是一隻鴨子，想要飛翔，想要飛到和天鵝一樣的高度實在是太難了，他實在是沒有毅力了，於是他放棄了。

鴨子說：「天鵝，你抓住我，帶我去飛吧。」

天鵝抓住鴨子，展動翅膀，非常非常吃力地飛上了藍天，在天上飛了一會兒落地了。鴨子笑了，鴨子覺得天上風景太美了，鴨子想，愛上了天鵝真是好。

在那之後的日子裡，鴨子每天都要求天鵝帶他飛上天，而且要求飛翔的時間也越來越長，如果天鵝不能達到他的要求，他就會生氣。

疲憊的天鵝因為愛著鴨子，雖然身心俱疲，卻依然會答應鴨子的要求。

這一天，鴨子又讓天鵝帶他去飛上藍天，天鵝勉強抓住鴨子飛上天了，飛得很高，很高，很高，然後天鵝低下頭深深地吻了吻鴨子，就在鴨子感覺詫異的時候，天鵝鬆開了抓住鴨子的手……

悟性很高的書生，聽完故事就明白了，向禪師拜了拜就下山去了。

半年後，書生和一個賣豆腐的女人結婚，後來靠著妻子賣豆腐，他考取了狀元。皇帝想招他做駙馬，他說自己早已娶妻，辭謝了皇帝。

·∴道破禪機∴·

「門當戶對」

一直以來人們覺得門當戶對是舊社會的陋習，是陳腐的觀念。然而，童話裡的天鵝與鴨子在一起時，才發現天與地相隔甚遠，公主愛上窮小子不一定幸福。但是門當戶對的觀念也需要適當地革新，不能僅與財富、門第劃等號，而是更多地傾向於和思想、才能、品質劃等號。

曾有一個窮小子，在讀大學的時候，被一個富家女看中。窮怕了的他，受寵若驚，為了能留住這份愛情，他經常去打工，為女孩製造各種浪漫的約會。

富家女知道他很珍惜自己，所以一直沒嫌棄他窮，很樂意和他在一起。

大學畢業後，兩個人共同去了富家女父親的公司。那

是一家大型房產公司，在那個公司裡，窮小子非常努力地工作，很受未來岳父的器重。

三年後，他倆結婚了，窮小子堅持用自己賺來的錢貸款買房，這一點更讓岳父所欣賞。

婚後的日子，窮小子一直對妻子很好，每天除了工作，就是陪在她身邊。

富家女感覺自己非常幸福，每次在父親面前誇起自己的丈夫時，父親也投以慈愛的微笑。

又過了些年，窮小子當上了總經理。身邊漂亮的女人開始多了起來，但他沒有親近過一個，因為他知道自己的幸福來之不易。而女孩也從來不懷疑他，因為她最初就看中他是一個老實人。

這同樣是一個富家女愛上窮小子的故事，雖然兩人的出身不同，但他們的結局卻很美滿。關鍵就在於兩人都接受過大學教育，無論思想、才能上都很匹配，並非像天鵝與鴨子的差距那樣不可改變。

因此，在選擇伴侶時，恰當地講究「門當戶對」，沒什麼不好，反而會讓你更幸福。

·・禪林清音・・

雲彩能與月亮相依相伴，因為它們都在高空。

4. 古董商人與小和尚

一個狡猾的古董商人來到一座寺廟，看到佛堂裡有一張古代皇族的桌子，雕刻精美，木種稀少且珍貴。無論是

藝術價值還是實際價值，都稱得上絕品。於是商人便開始使起他從小慣用的伎倆。

正好一個小和尚將那張桌子搬出來晾曬。於是商人上前去說：「這真是張精美的桌子。」

小和尚並無言語，繼續忙著。

商人馬上又歎道：「和我家的那張簡直太像了，唉！只可惜是個贗品。」

小和尚仍沒作聲，只是好奇地看著他。

商人轉而道：「我的那張在搬家時給弄壞了兩條腿，小師傅可否將此桌子賣與我？我願出一千塊的高價。」

小和尚便問：「施主既然說這個是贗品，那買它何用？」

商人笑道：「我是想用它的腿來代替我的那件真品。這樣一來，你也可以用這筆錢買張新的桌子，我也可以使我的那張真品恢復原貌，兩全其美，也算你成全一樁好事，積累功德，如何？」

小和尚一想，也是如此，便答應賣掉它。

此時的商人，一邊很興奮地勉強壓抑住自己的狂喜，心想這張桌子起碼能賣十萬塊以上，竟花一千塊買下；一邊抱怨自己出的價太高。他要求小和尚幫他搬出來，等他來接。說完便三步當兩步地去叫車去了。

此時的小和尚擔心商人的車太小，裝不下這張桌子。心想商人用的是桌腿，不如將桌子分為兩半好裝運些。於是，便將桌子從中間鋸開了。

當商人回來後看到這個場面，氣得目瞪口呆，卻又無話可說。

‥道破禪機‥

順其自然，勿耍心機

狡猾的古董商人機關算盡，終究敵不過小和尚的單純。單純其實是禪定和般若的根本，是一種以不變應萬變的高明智慧，同時也是贏得他人芳心的致勝法寶。愛情容不得虛偽，那些虛假的愛經不起時間的打磨，會瞬間土崩瓦解。

許多渴望擁有幸福愛情的人，與其盲目學習他人所謂的「愛情謀略聖經」，不如持一份單純的心，像下面故事中的中尉，順其自然，望天上雲捲雲舒，看庭前花開花落，收穫恬淡真實的幸福。

差6分鐘6點，一個身材高大的年輕陸軍中尉高昂著黝黑的臉膛正從鐵道的方向走來，眯起眼睛注視著，他的心正怦怦跳動著。車站的大鐘6分鐘後，在這個特殊的場合，他將見到他過去13個月來一直牽掛的一位婦女。他從未見過這位婦女，但她親筆寫給他的那些話給予了他無窮的力量和不斷的支援。

他盡可能地靠近廣播室的邊上，而在那裡人們正緊緊地圍著辦事員們。

這時中尉布蘭德夫德想起了那個晚上。戰鬥是極其艱苦的，他的飛機在一群零式飛機中被擊中了。他甚至已經看到了一個敵方飛行員正對他齜牙咧嘴地笑著。

在一封信中，他向她坦白他經常感到恐懼。僅僅在這場戰鬥的幾天前，他接到了她的回信：

「當然你是害怕的……所有勇敢的人都有這種經歷，大衛國王就不知道害怕嗎？那就是為什麼他寫出了第23節讚美詩，下次你再喪失自信時，我想讓你聽聽我對你朗誦的這段話：『是的，儘管我走過了死亡陰影之谷，但我將不怕邪惡，因為你將與我同在。』」

他記住了，他似乎聽到了她的聲音，這使他恢復了力量和控制力。

現在他將聽到她真實的聲音了，差4分鐘到6點，他的面色變得嚴峻起來。

在巨大的屋頂下面，人們正急匆匆地走著。一位姑娘緊挨著從他身邊走過，中尉布蘭德夫德吃了一驚。她穿著一套佩戴著紅花的翻領衣服，但是那是一朵紫紅色的芳香的豌豆花，而不是一朵事先約定好的小紅玫瑰花。而且，這個姑娘的年齡太小了，大約18歲，而豪斯‧美尼歐已經坦白地告訴他，她30歲了。「噢，怎麼樣？」他回答，「我32歲。」事實上，他只有29歲。

他的思緒又回到那本書——那是陸軍圖書館中數百本運行佛羅里達州訓練營的書中的一本，並且由路德‧黑姆塞爾夫交到他手中。書名是《束縛中的人類》，這本書是一位女作家寫的。儘管他討厭那種寫作手法，但是這些論點卻是與眾不同的。

他從不相信一位女性能如此以一種體貼、理解的銳利眼光去揭露一個男人的內心世界。她的名字在書頁上：豪斯‧美尼歐。他翻遍了紐約市的電話號碼簿，找到了她的地址。他寫了信，她也回了信，第二天，他被送往前線，但是通信沒有間斷。

　　已經過去了13個月，她忠實地回信，越來越多地回信，即使他的信尚未收到，她仍舊始終如一地寫。現在他確信：他愛她，她也愛他。

　　但是，她拒絕了他向她討要照片的懇求。當然，這似乎很殘酷。但她解釋道：「如果你對我的感情是建立在真實、誠實的基礎上，那麼我看上去像什麼就並不重要了。假如我很漂亮，你碰運氣式的感情僅僅停留於此的情勢將始終縈繞於我的腦海，那種愛將使我作嘔。假如我是平凡的（你必須相信這種可能性更大一些），那麼我將會心有不安，認為你持續不斷地給我寫信僅僅出於你的孤獨無聊和不得已而為之。不，不要再提我的照片，當你來紐約時，你會看到我，那時你將得出你的結論。記住，在此之後我們之間的中止和繼續都是自由的──無論我們選擇哪一個。」

　　差一分鐘到6點──他掐滅了手中的煙。

　　這時候，中尉布蘭德夫德的心跳得幾乎超過他的飛行紀錄所能達到的最大速度了。

　　一位年輕女子向他走來，她的身體修長而苗條，她淡黃色的頭髮捲曲地披散於她嫩美的耳際下，她的眼睛像天空一樣藍，她的嘴唇和下顎有著優美的曲線。她穿著一套淺綠色的套裝，本身就像是一個活生生的春季。

　　他開始走向她，完全忽視了她的衣服上沒有玫瑰花，就在他移動腳步時，一種輕柔的挑逗式的微笑彎曲了她的唇。

　　「跟我來，大兵。」她低語道。

　　無法控制地，他邁前一步靠近她，這時他看見了豪

斯‧美尼歐。

　　她幾乎是徑直地站在姑娘的身後，一個年齡在40歲以上的婦女，她灰白的頭髮藏納於帽子之下，她有些超重，她有著粗大踝關節的腳穿著一雙矮跟鞋。但是在她灰色外套的蓬亂的翻領處佩戴著一朵紅玫瑰花。

　　穿綠色套裝的姑娘這時迅速走遠了。

　　布蘭德夫德感到自己好像一下子被分成兩半，他跟隨那個姑娘而去的慾望是如此強烈，而他對眼前這個女人的思念又是如此深沉。她的精神靈魂已經真正地佔據了他的心。她就站在那裡，她那蒼白圓胖的臉是高貴而可感知的，他現在能看到那一切了，他灰色的眼睛中有一種溫暖的、慈祥的閃光。

　　中尉布蘭德夫德不再猶豫，他的手指觸摸到那本精美的包裝著藍色封皮的《束縛中的人類》，正是這本書把他和她聯繫起來。

　　這已經不再是愛情，但是它是更為特殊的情感。這種情感可能比愛還要聖潔──對他而言，這便是他曾經經歷的和必須經歷的所有情感中的最偉大的友誼。

　　他張開寬闊的肩膀，敬禮並把書拿出來遞給那位婦女。儘管當他開口講話時，由於些微的失望而有些顫動：

　　「我是中尉布蘭德夫德，您──您是美尼歐女士吧，很高興見到您，可以……可以和我共同進餐嗎？」

　　這位婦女的臉上呈現出一種寬容的微笑：「我並不知道所有這些事是什麼意思，孩子。」她回答道，「那位穿一身綠色套裝的女士──就是剛剛走掉的那位──懇求我把這朵玫瑰花戴在我的外衣上。她說如果您讓我跟您走

的話，我將告訴您她正在隔著這條街的一個大飯店中等著您。我已經為美國養育了兩個兒子，所以我並不想強求你什麼。」

中尉沒有任何心機，只用一顆單純的心就經受住了考驗，所以愛情也不會辜負他。如若換成虛偽的人，恐怕早想盡各種辦法脫逃了，更談不上得到什麼幸福。

┌─ 禪林清音 ─┐

當你給愛情注入心計時，它也會以心計回報你。

5. 最大的麥穗

很久以前，洞明禪師的幾個弟子向他請教人生的真諦。

充滿智慧的洞明禪師把他們帶到麥田邊，這時正是成熟的季節，田地裡到處都是沉甸甸的麥穗。「你們各自順著一行麥田從這頭走到那頭，每人摘一枚自己認為是最大最好最飽滿的麥穗。不許走回頭路，不許做第二次選擇。」洞明禪師神秘地說。

弟子們在穿過麥田整個過程中，都十分認真地進行著選擇。

等他們到達另一端時，禪師已在那裡等他們。

「你們是否完成了自己的選擇？」洞明禪師問。

弟子們你看看我，我看看你，都不回答。

「怎麼啦？徒弟們，你們對自己的選擇滿意嗎？」洞明禪師再次問。

「禪師，讓我再選擇一次吧！」一個弟子請求說，「我走進麥田時，就發現了一個很大很好的麥穗，但是，我還想找一個更大的。可是當我走到最後，卻發現第一次看見的那枚麥穗就是最大的。」

另一個弟子緊接著說：「我和他恰巧相反，走進麥田不久就摘下一枚我認為是最大最好的麥穗。可是後來我發現，麥田裡比我摘下的這枚更大更好的麥穗有的是。老師，請讓我也再來一次吧！」

「禪師，讓我們都再來一次吧！」其他弟子一起請求。

洞明禪師堅定地搖了搖頭：「徒弟們，沒有第二次選擇，這是遊戲規定。」

·道破禪機·

愛情沒有回頭路

智慧的禪師讓弟子們在遊戲中領悟到，最大最飽滿的麥穗往往不是那麼容易拾得的。這麥穗可以隱喻人生中的很多東西，可以是稍縱即逝的機會，也可以是幸福的愛情。

生活中，總有人像那些弟子一樣，在遇到第一次緣分時，暗自懷疑這還不是最好的緣分，他放棄了，等待更好的緣分到來，最終卻發現，後來的緣分都不及當初的第一次緣分。還有人認為第一次的緣分是最好的，卻發現後來所有的緣分都比他第一次的緣分好得多。

但不管怎樣，愛情本來就沒有回頭路。你的選擇決定

你的幸福，與其日後比來比去讓自己感到痛苦，不如在選擇前反問自己：這是自己想要的嗎？同時還要明白：沒有更好的緣分，只有最適合你的愛情。

小黎畢業於一所知名大學，在一家外國企業上班，工作穩定不說，薪酬還高，一切都盡如人意。

後來經朋友介紹，認識了一個工作雖不如自己，但人很真誠的男孩阿牛。幾次交往下來，小黎覺得這個男孩很適合自己，和他在一起很輕鬆。於是，他們走進了婚姻的殿堂。

婚後三年，喜歡變化與新鮮的小黎越發覺得老公那工科的頭腦裡裝的都是嚴謹與刻板，每日雖然柴米油鹽都能照顧得週到，下班時肯來接她，但她仍覺得生活中缺少了什麼。

一日，小黎在網上看到一種觀點——「試離婚主義」。那種觀點讓她眼睛一亮，或許當初嫁給老公太快了，她還沒有怎麼享受被追求的過程就結婚了，那種電影上的浪漫當然也就與她無緣了。她想借著這種「試離婚主義」的辦法，讓老公感到一種危機，讓他重新追求自己。另外，在自己單身的時候，還可以有資格和別的男人發生點浪漫的故事。

回家後，她跟老公說了她的想法。但這些觀點在嚴謹的老公看來簡直就是胡鬧。

「離婚就是離婚，試離婚是怎麼回事啊？兩人分居太久必然生變嘛！莫非你真想離婚了，怕我生氣不同意？」阿牛有點火了。

小黎立刻賠笑道：「不是啦，試離婚只是一種形式上

的分居，和真正的分居還不一樣，只是讓兩個在一起生活得太久的人，分開段日子，距離產生美嘛！」

阿牛聽後，有些理解她的意思了，就索性答應了她。

第二天起，小黎就出去租了個房子住。老公出於想她、擔心她，還是主動給她打電話，但小黎故意說：「嗯，現在我和你不是夫妻了，不要老是煲電話粥了。你該去結識些新女性，而我也可以認識些新男友了。」

阿牛聽到那些話有些不悅，但他又覺得妻子是在開玩笑，就沒真的動氣。

重歸自由的小黎，開始在網上結識網友，並主動提出見面，這一切舉動無非是為了滿足她的好奇心和喜歡新鮮的心理。這期間，她結識了一個成功男人，每次約會時都極大地滿足了她渴望浪漫的心理。漸漸地她有些迷戀這個男人了，後來居然和那個男人發生了關係。

而這一切，她老公一點也不知道，依然每天給她打電話。

最後，她越來越覺得和自己老公過一輩子不如和這個成功男人過一輩子幸福。經過反覆決定，她終於在電話裡告訴老公：「我遇到一個好男人，想和他結婚，你找到合適的沒？」

阿牛聽到她的話非常氣憤地掛了電話，結果小黎又發來一條短信：「我知道你很生氣，但我已經決定了。」看到短信，阿牛覺得當初答應她是個極大的錯誤，但轉念又想，如若不答應，像她這樣的女人能安分地跟自己過一輩子嗎？幾個月的獨身生活讓他覺得其實除了寂寞也沒什麼

大不了，頂多再娶個老婆就是了。

想通後，阿牛雖傷心但很平靜地和她正式離婚了，而她也順利地成了那個男人的老婆。

誰料婚後小黎才發現，那個男人經常在外忙碌，一個月也在家呆不了兩天，幾乎是夜夜守空房。她感到失望透了，但每次和男人理論時，那個男人總說是自己做生意很忙。

後來有一天，她發現這個男人在外面還有別的女人，而且不止一個。這讓她更加痛苦，沒想到自己費盡心思居然找了這麼一個卑劣的男人。

帶著悲痛與悔恨的心情，她來到阿牛的家，那個曾經屬於他倆的幸福的家。誰知，開門的不是那個曾經深愛她的阿牛，而是一個很樸實的女子，樣子雖不如自己漂亮，但一看就是那種很適合做老婆的女子。

雖然那女子邀請她進門，她還是轉身走了。

那一夜，她失眠了，沒想到自以為高明的試離婚居然讓自己淪落到這種地步。

小黎的不幸雖然令人同情，但那終究是自己選擇的。她在一味地追求新鮮、追求更大的幸福時，卻忽略了婚姻和愛情的責任。玩什麼都別玩過火了，愛情是神聖的，即使是婚後沒有激情的生活，其愛情也高於一切感情，不能拿愛情當試驗品。

只有在失去愛情以後，才能認清它的重要和價值。許多擁有愛情的戀人在戀愛中往往盲目而任性——總認為眼前的這個即使再好也比不過下一個自己即將愛的人，認定下一個準可以滿足自己的要求，於是草率地分手，分手之

後又明白了自己放棄的那個才是真愛，可是路走錯了可以重走，感情就很難回頭了。

沒有人能兩次走進同一條河流。

6. 一千年的等待

有個年輕美麗的女子，出身豪門，家產豐厚，又多才多藝，蕙質蘭心。媒婆快把她家的門檻給踩爛了，但她卻一直沒有找到心儀的人。

直到有一天，她去一個廟會求佛，在擁擠的人群中，看見了一個年輕的男子，就一眼，不用多說什麼，女子覺得那個男子就是她苦苦等待的情緣。可惜，廟會太擠了，她無法走到那個男子的身邊，就這樣眼睜睜地看著他消失在人群中。

後來的兩年裡，女子四處去尋找那個男子，但這人就像蒸發了一樣，無影無蹤。女子每天都向佛祖祈禱，希望能再見到那個男子。她的誠心打動了佛祖，佛祖顯靈了。

佛語：「你想再看到那個男子嗎？」

女子：「是的！我只想再看他一眼！」

佛語：「你要放棄你現在的一切，包括愛你的家人和幸福的生活。」

女子：「我能放棄！」

佛語：「你還必須修煉五百年道行，才能見他一面。你不後悔嗎？」

女子：「我不後悔！」

女子說完後就變成了一塊大石頭，躺在荒郊野外。四百多年的風吹日曬，苦不堪言，但女子都覺得沒什麼，難受的是這四百多年都沒看到一個人，看不見一點點希望，這讓她都快崩潰了。

最後一年，一個採石隊來了，看中了她的巨大，把她鑿成一塊巨大的條石，運進了城裡，他們正在建一座石橋。於是，女子變成了石橋的護欄。就在石橋建成的第一天，女子就看見了那個她等了五百年的男子！他行色匆匆，像有什麼急事，很快地從石橋的正中走過了，當然，他不會發覺有一塊石頭正目不轉睛地望著他。

男子又一次消失了，再次出現的是佛祖。

佛語：「你滿意了嗎？」

女子：「不！為什麼，為什麼我只是橋的護欄？如果我被鋪在橋的正中，我就能碰到他了，我就能摸他一下！」

佛語：「你想摸他一下？那你還得修煉五百年！」

女子：「我願意！」

佛語：「你吃了這麼多苦，不後悔？」

女子：「不後悔！」

於是女子又變成了一棵大樹，立在一條人來人往的官道上，這裡每天都有很多人經過，女子每天都在近處觀望，但這更難受，因為無數次滿懷希望地看見一個人走來，又無數次希望破滅。若不是有過前五百年的修煉，相信她早就崩潰了！

日子一天天地過去，女孩的心逐漸平靜了，她知道，

不到最後一天，他是不會出現的。又是一個五百年啊！最後一天，女子知道他會來，但她的心中竟然不再激動。

他如期而至，還是穿著她最喜歡的白色長衫，臉還是那麼俊美，女子癡癡地望著他。這一次，他沒有急匆匆地走過，因為，天太熱了。

他注意到路邊有一棵大樹，那濃密的樹蔭很誘人，休息一下吧，他這樣想。他走到大樹腳下，靠著樹根，微微閉上了雙眼，他睡著了。女孩摸到他了，但在她心裡不再有洶湧的愛潮，有的只是一絲淡然。男子只是小睡了片刻，因為他還有事要辦。

他站起身來，拍拍長衫上的灰塵，在動身的前一刻，他抬頭看了看這棵大樹，又微微地撫摸了一下樹幹，大概是為了感謝大樹為他帶來清涼吧。然後，他頭也不回地走了！就在他從她的視線消失的那一刻，佛祖又出現了。

佛語：「你是不是還想做他的妻子？那你還得修煉……」

女子平靜地打斷了佛祖的話：「不必了，我已經等了一千年，這是我的極限了，他有屬於他的緣分，我也應該有我自己的生活。」

佛語：「哦！」

就在佛祖說話的這一刻，女子發現佛祖微微地歎了一口氣，或者是說，佛祖輕輕地鬆了一口氣。

女子有幾分詫異地問道：「佛祖也有心事嗎？」

佛祖的臉上綻開了笑容：「因為這樣很好，有個男子可以少等一千年，他為了能夠看你一眼，已經修煉了兩千年。」

有些愛不一定要執著到底

　　故事中女子的愛情，卞之琳的《斷章》似乎可以將其概括：「你站在橋上看風景，看風景的人在樓上看你。」許多人都曾經經歷過為一個人癡癡傻等的愛情，卻不知道，自己的身後還有另一個人在癡癡地等著自己。

　　當然，對愛情執著沒有錯，但任何人的愛情都應該有一條底線。當你付出過努力，付出過等待，卻仍然沒有結果時，就不要再繼續執著下去了，因為對於你來說，也許他（她）並不是你的緣分。

　　女孩從小就是嬌生慣養地長大，幾乎每個人都疼愛她，事事依著她。她有一個很愛她的男友，就在他求婚的那天晚上，女孩子抱歉地說：「我要出國讀碩士，請你再依我一次，那是我的理想，如果你願意等我的話，三年後我就回國和你結婚。」

　　從那以後，男孩真的是天天執著地等待，對其他女孩一點都不動心。快到三年了，男孩很開心，開始張羅自己的婚事，陶醉在即將來到的幸福之中。可是這種幸福沒有持續多久，女孩打電話回來說有一個讀博士的機會，希望男孩再等她三年。

　　男孩重新回到了原來的生活，默默地等待。

　　又是一個三年過去了，在女孩如約回來的那一天，男孩卻突然和別的女孩結婚了！

　　朋友，你此時想到了什麼？男孩實在忍受不住寂寞

了？或者突然出現了什麼意外情況？

　　恰恰相反，男孩在自己的婚禮上對女孩說：「我六年前是愛你的，我的確是真的愛你，因為這六年我都等過來了，可是在臨近六年的時候我和別人結婚，就是要讓你知道，我不想娶你，因為我有我的底線，我有我愛情的尊嚴。一開始，你不聽我的意見獨自出國，我等你，為了讓你達成理想，我心甘情願地等你；三年後你又不和我商量決定繼續深造，在我看來，我的等待對你而言沒有任何價值，你絲毫不在乎我在等待的時候有多麼難熬，這樣的你不值得我愛！相反，這幾年，有個人一直在默默地愛著我，等著我，支援著我，就如同當初的我對你一樣，這樣的人才是真正值得我愛的人。」

　　將近六年的執著，在最後一天瓦解，男孩這樣做相信沒有人會指責他。有些愛是不一定要執著到底的，男孩守住了自己的底線，相信當男孩決心回頭的時候，佛祖也對他綻開了笑容。

禪林清音

　　不斷不長，不去不來，不滅不生，性相如如，常住不遷。

7. 伐樹的學問

　　正覺寺西面的樹林裡，一個老和尚正在給小和尚們解釋如何伐樹。他指出，要是你不知道哪棵樹砍了會落在哪裡，就不要去砍它。「樹總是朝支撐少的那一方落下，所

以你如果想使樹朝哪個方向落下,只要削減那一方的支撐便成了。」他說。

小和尚們半信半疑,他們擔心,稍有差錯會壓了自己。老和尚說:「你們可以從樹根向外的地方畫一條直線,我可以讓樹沿著畫線的方向倒下。」

老和尚朝雙手唾口唾沫,揮起斧頭,向那棵巨松砍去。樹身底處粗一公尺多。他的年紀看來已六十開外,但臂力十足。

約半小時後,那棵樹果然不偏不倚地倒在線上,樹梢離大家都很遠。

小和尚們為老和尚砍伐如此準確而讚歎,老和尚似乎有點驚訝,但沒說什麼。

不到一個下午,大家已將那棵樹伐成一堆整齊的圓木,又把樹枝劈成柴薪。一位小和尚說:「師傅,你真行!」

老和尚舉起斧頭扛在肩上,正要轉身離去,卻突然說:「我今天運氣好,沒有風,永遠要提防風。」

∵道破禪機∵

放下心中的恨念

精於伐樹的老和尚雖然深諳伐樹的竅門,但他仍然提醒弟子要永遠提防風的出現。

在愛情的旅途中,也有一種風險叫做恨。它就像風一樣極具破壞性,需要每一個追求幸福的人時時提防它的出現,如果它出現了,就要放下它。

那些被愛傷害或拋棄的人,特別容易由愛生恨。但

不要因為深受痛苦而反目成仇，無論如何也要放下你的恨念，別讓恨佔據你的內心，否則它會讓你加倍痛苦。相反，如若你能敞開心扉，放下你的恨念，真心祝福離你而去的人，就會有更寬廣的幸福。

有一則故事，就道出了放下恨念的禪機。

一家新開業的禮品店熱鬧了一陣後，慢慢靜了下來。年輕的女老闆黛絲剛把凌亂的櫃檯整理好，一位20多歲的男青年就進了店。他瘦瘦的臉頰，戴副近視眼鏡。他冷冰冰的目光在店中遊弋、搜索，最後落在窗邊那個櫃檯裡。黛絲順著男青年的目光看去，見他正盯著一隻綠色的玻璃龜出神。

她走過去輕聲問道：「先生，你喜歡這隻龜嗎？我拿出來給你看。」

男青年似乎對看與不看並不在意，伸手把錢包掏出來，問道：「多少錢一隻？」

「20美元。」

青年連價都沒講，「啪」地把鈔票拍在櫃檯上。

面對黛絲遞過來的烏龜，青年人眯起眼睛慢慢欣賞著，臉上的肌肉時不時地抽動一下，繼而一絲笑容勉強地跳了出來。他自言自語道：「好，把它作為結婚禮物是再好不過了。」青年人的臉興奮得有點扭曲，兩眼閃著灼熱的光。

黛絲在一旁細心觀察著青年人，她對青年人自言自語道出的那句話感到極大的震驚。雖然她剛剛離開校門不久，但她知道那種東西若出現在婚禮上，將無異於投下了一枚重磅炸彈。

　　黛絲表情平靜地問道：「先生，結婚的禮物應當好好包裝一下的。」說完彎腰到櫃檯下找著什麼。

　　「真不巧，包裝盒用完了。」黛絲說道。

　　「那怎麼行，明天一早我就要急用的。」

　　黛絲忙說：「不要緊，你先到別處轉一下，20分鐘以後再來。我馬上讓人送來包裝，包裝好等你，保證讓你滿意。」

　　20分鐘以後，青年人如約取走了那盒包裝得極精美的禮物，像戰士奔赴戰場一樣，去參加他以前曾經深深愛過的一位姑娘的婚禮。婚禮的第二天晚上，青年人終於等到姑娘打來的電話，當他聽到那久違而又熟悉的聲音時，雙腿一軟竟坐在了地板上。這一天他度日如年，是在悔恨和自責的心態中熬過的。

　　他像一個等待法官宣判的罪人一樣，等待著姑娘對他的怒斥。可是他萬萬沒想到，電話中傳來的卻是姑娘甜甜的道謝聲：「我代表我的先生，感謝你參加我們的婚禮，尤其你送來的那件禮物，更讓我們愛不釋手……」

　　「愛不釋手？」他簡直不相信自己的耳朵。他不知通話是怎麼結束的……

　　青年人度過了一個不眠之夜。清早，他來到禮品店，進門一眼就看見那隻烏龜還安詳地躺在櫃檯裡，他似乎一切都明白了。

　　對青年人的突然出現，黛絲的確有些感到意外。望著他那紅腫的眼睛。發現裡面已不再是那絕望的冷酷。青年人嘴唇哆嗦了一下，似乎要說些什麼。

　　突然他走到黛絲面前深深地鞠了一躬，等他再抬起頭

時，已是淚流滿面。

　　他哽咽地說道：「謝謝你，謝謝你阻止我滑向那可怕的深淵。」

　　黛絲見青年人已經明白了一切，從櫃檯裡取出一個盒子，打開後交給了他，輕聲說道：「這才是你送去的真正禮物。」原來那是一尊水晶玻璃心，兩顆相交在一起的、什麼力量也無法把他們分開的水晶玻璃心。

　　此時，一縷晨光透過窗子照在水晶心上，折射出一道絢麗的七彩光來。

　　青年人驚歎道：「太美了。實在太美了！這麼貴重的禮物，我付的錢一定不夠的。」

　　黛絲忙打斷他說道：「論價值它們是有差別的，但它如果能了卻你們以前的恩恩怨怨，化干戈為玉帛，那它也就物有所值了。至於兩件禮物之間所差的那點錢，也不必想它，將來你還會遇到更好的姑娘，那時候你再到我的店裡多買些禮物送給她，就算感謝我了。」

　　若不是黛絲調換了禮物，那個青年可能永遠領略不到祝福自己愛過的人是怎樣一種幸福。當一個人不再與你相愛時，那也是你們命中的緣分所致。即使你沒能從痛苦中走出來，也不要惡意地去詛咒你愛過的人，那樣除了增加你的痛苦外毫無益處可言。

　　當你學會放下心中的恨念時，你才能輕鬆地拾起下一份真摯的愛，才有資格去享受新的愛情。

┌┈禪林清音┈┐

　　只有放下恨才能拾起愛，否則你拾起的還是恨。

8. 愛情死後

　　一天，一位高僧化緣時經過一個村莊，看到一群人正圍在一起嘰嘰喳喳地說著什麼，當中有一個年輕女子正在哭泣。高僧過去問了情況，得知原來那個年輕小女子才失戀，一時想不開要尋短見，還好被一位大嬸看見了。

　　高僧上前對女子說道：「姑娘可否願意聽在下一言？」

　　姑娘怔怔地看著高僧，點了點頭。

　　高僧於是說道：「愛情死亡以後，人分三種。」

　　「愚者多怨。把被負、被傷、被棄的憾、恨、怒，化為逢人便說的故事，若有雷同，絕對共鳴。瑣瑣碎碎，窩窩囊囊，百說不厭，百訴不累，把自己化成了一條又長又臭的纏腳布。人人退避三舍，她卻渾然不覺，依然還在嘮嘮叨叨地爭取早已流產的同情。

　　仁者不言。一個手掌拍不響，戀愛與分手，結婚和離婚，都是屬於兩個人之間的事。愛情的鵲橋斷了，雙方都有責任。就算對方移情別戀，也只能歸咎於緣分破滅。保持緘默，是自我尊重的方式。

　　智者不記。把相戀時的狂喜化成披著喪衣的白蝴蝶，讓它在記憶裡翩飛遠去，永不復返，淨化心湖。

　　與絕情無關，唯有淡忘，才能在大悲大喜之後練成牽動人心的平和；唯有遺忘，才能在絢爛已極之後練出處變不驚的恬然。

　　姑娘，你認為自己是哪一種人呢？」

聽完高僧的一番話，姑娘頓覺心曠神怡，回答道：「多謝高人指點，現在我已經知道該怎麼去做了。」

·道破禪機·

遺忘是一種淡然的幸福

失戀是很難避免的，它是許多人追求幸福的必經路。只要產生了愛情，就會有失戀的可能。它坎坷、泥淖，痛苦得讓人無所適從。同樣面對失戀，不同的人有不同的態度，譬如高僧所說的：智者不記、仁者不言、愚者多怨。

愛情死去，就意味著你們曾經在一起的所有日子全部灰飛煙滅，所有的海誓山盟都化作了過眼雲煙，抱怨、一味地訴說或者沉默著歸咎於緣分，只會讓你和過去糾纏不清，只會讓你繼續沉迷，加劇你心中的痛苦。唯有不去想它，淡淡地將它遺忘，讓它永遠成為過去，才會輕鬆地走出來。所以說，遺忘是一種淡然的幸福。

有個女孩，被男朋友拋棄以後，周圍的朋友以為她會痛不欲生，沒想到她每天的生活依然多姿多彩，臉上看不出一絲痛苦。

朋友很詫異，便問她：「難道你沒感到痛苦嗎？他傷害你那麼深！」

女孩一笑：「他傷害了我，我就該痛苦萬分嗎？」

朋友覺得她在故作堅強，又問她：「難道你不會情不自禁地想起過去？」

女孩回答：「當然會回憶起過去，那是由不得我

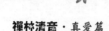

的。但我幾乎快把許多事忘記了，畢竟那些事已經過去一段日子了，偶然想起就當是看別人的電影一樣！」

朋友很奇怪她能這麼快從失戀的陰影中走出來，索性多問了一句：「你是怎麼想通的？感覺你現在變得特別豁達了！」

女孩燦然一笑：「其實也沒什麼，小時候奶奶就跟我講過，人生是一個過程，並沒有什麼結果。有時你以為遇到了結果，其實那還是過程。拿我的愛情來說吧，他離開我並非是我的不幸或他的錯誤，我們好比是曾經一起同行的路人，從一開始就註定了要走不同的路，只不過那一段路是相同的，後來到了岔路口，分開也是必然的，所以我坦然接受。但對我而言，我的愛情還沒有到盡頭，前方還有新人等著我，我得繼續朝前走和他會合。而對於過去的那個人，還應該感謝他曾陪我同行過。」

朋友聽了，為她感到高興。

愛過就是一種經歷，走過就是一種收穫。太過於計較生活中那些聚聚散散，太過於在意生活中有些需要忘記的記憶，太過於在意自己心靈中那種微薄的感受，只會將自己深鎖。此時此刻，需要我們去看透、去淡化、去遺忘，不再苦苦去尋覓幸福在哪裡，而幸福，其實就在那種淡然的遺忘裡。

·· 禪林清音 ··

無憶無苦，無念無憂；觀求前者，乃獲大幸。

9.　兩次受傷的小蛇

　　一條不懂事的美麗小蛇在水邊看見了一隻有著漂亮花紋、皮膚超好的青蛙，不禁生出了愛慕之心。

　　小蛇對青蛙說：「我們可以交往嗎？」

　　青蛙說：「好啊好啊！」於是他們兩個生活在了一起。

　　有一天，他們在睡覺的時候，小蛇在睡夢中不由自主地用身體將青蛙纏了起來，青蛙感覺要窒息了，就奮力掙扎，用兩條強壯而有力的後腿重重地蹬在小蛇的腹部，彈了出去，然後迅速地逃走了，再也沒有回來。

　　傷心的小蛇養好了身上的傷，卻無法養好心中的傷，她對帥氣漂亮的青蛙產生了恐懼感，認為會被傷害，從此她過著單身生活。

　　這一天，一隻醜陋的癩蛤蟆發現了小蛇，覺得她十分美麗，不禁生出了愛慕之心。

　　癩蛤蟆對小蛇說：「我們可以交往嗎？」

　　小蛇看了看醜陋的癩蛤蟆，覺得他的眼神很真誠，她那顆寂寞的心動搖了，她想這隻癩蛤蟆這麼醜陋，應該會好好珍惜她這麼漂亮的小蛇的，於是她說：「好吧好吧！」於是他們兩個生活在了一起。

　　有一天，他們在睡覺的時候，小蛇在睡夢中不由自主地用身體將癩蛤蟆纏了起來，癩蛤蟆感覺要窒息了，就奮力掙扎，他的背上噴出了毒汁，射進了小蛇的眼睛，小蛇受痛鬆開了身體，癩蛤蟆趁機逃走了，再也沒有回來。

·:·道破禪機·:·

找出不幸的根源

　　這條兩次受傷的小蛇，在生活中無論男人還是女人都能找到原型。有許多像小蛇一樣的人，受了愛情的傷害只會找他人的原因，只會盲目地去避開可能跟原來一樣的人，以為就不會再受傷害，結果卻再次受傷。其實，他（她）一直沒有想過，不幸的根源原來在自己身上。

　　黑格爾曾說過：「每一個遭遇到愛情挫敗的人，都對不幸負有責任。只是他沒有想過，或不願去想而已。」的確，不幸的愛情絕不是一個人的錯，誰都有責任。與其抱怨命運捉弄，說什麼有緣無分，甚至一味逃避，不如多找找自身的原因，爭取找出不幸的根源，好讓自己有準備地去迎接下一份愛情。

　　小李是單位裡最帥的男人，他曾經是許多女同事暗戀的對象。然而他卻接連被兩個女孩拋棄。兩次打擊，使他對愛情一度心灰意冷。儘管還有女孩打算和他試一試緣分，可他卻總說自己喪失了愛一個人的能力，對任何女孩都沒有了感覺。

　　但是男大當婚，女大當嫁，父母一直在催他早日找到合適的對象，好把婚事給辦了。可是他每次都很沮喪地對父母說：「我可能要單身一輩子了！你們要做好心理準備。」這話可把父母給急壞了，他們不知道怎麼和兒子溝通感情問題，就把這事委託給小李從小玩到大的哥們小周。

　　已經結婚一年的小周當即在電話裡答應了，說一定找機會和小李聊聊。

　　後來，小周專門找了一個週末，約小李一起去酒吧坐坐，還帶上自己的老婆。三人坐下以後，小周一直在引導小李聊聊感情方面的問題。小李也覺得心中鬱悶，不妨借此機會宣洩一下。於是，他講起了那兩次短暫的戀愛經歷。

　　第一個女朋友曾和他談了三個月，人很漂亮，也很有氣質。她和小李剛確立戀愛關係時，周圍的朋友都說他倆很配，還開玩笑說以後的孩子肯定更好看。小李每次聽到這樣的話，心裡美得跟開了花似的。

　　那個女孩對小李很好，處處關心他，小李也非常愛她，珍惜她。可是有一點讓小李非常不放心。那女孩是房屋仲介小姐，小李總是在看不到她時，自然不自然地聯想起女友拋棄她，跟她的客戶跑了。這種胡思亂想攪亂著小李的心，出於擔憂，他有時會半開玩笑地說：「你這售屋女可別把自己售給客戶了啊！」

　　那女孩聽後總是安慰他：「不要擔心，我們的工作收入都很高，兩個人加在一起算得上是中產階級了，我不會看上那些人的錢的，我想要的是愛情。」

　　但這些話，在小李聽來卻不是定心丸，他依然會胡思亂想。後來，一個週五的下午，他下班早了點，便跑去女友所在的樓房去找她。為了給女友一個驚喜，他故意沒有提前聯繫她，另外他也想看看心愛的女朋友是怎麼跟客戶打交道的。

　　結果，他正好看見女友帶著一個男人走進一個房

間，兩個人在那裡好像談了二十分鐘沒有出來。他又開始胡思亂想了，自己的女友那麼漂亮，會不會女友和那男人發生了點什麼？

他越想越著急，終於忍不住闖了進去。結果看到那個男人的手正搭在女友的肩膀上，而女友依然笑臉相迎，他當即憤怒了，大罵起來。

可是沒想到女友也火了，她覺得男朋友太不尊重自己的客戶了。而小李卻覺得她太不自重了，說不定他們背後有什麼見不得人的勾當。

一氣之下，女友提出了分手，小李也不耽擱，當即走了。就這樣，他們的愛情結束了。

這次戀愛經歷對小李的打擊很大，他覺得電影、電視、小說裡都說這種漂亮的女人很難信任，很容易發生自己不能接受的事，自己的女友說不定也是那樣的，所以他堅持認為自己提出分手是對的，但他從此更難信任女人了。

後來，他又談了一個女朋友，外表雖不如以前的漂亮，但是個空姐，一樣很有氣質。那個女孩經常在國內國際航班上飛來飛去，由於同樣的多疑心理，他覺得她也不是那麼讓自己放心，老懷疑她在背地裡也和別人發展著戀愛關係，弄不好自己還蒙在鼓裡呢。由於他老莫名其妙地懷疑人家，最後女友也離他而去了。

聽完小李的戀愛經歷，小周的老婆第一個發言：「你覺得我漂亮嗎？我讓人放心嗎？我的工作也是空姐。」

小李苦笑說：「你很漂亮，我知道，但你讓不讓男人

放心,只有我哥們知道了。」

小周終於做總結陳詞了:「我覺得你活該被人拋棄,你不信任人家,還談什麼戀愛啊?我老婆的職業在你看來危險吧,但我就對她沒有那種懷疑。不過要說正經的,你可能是負面的消息看太多了,性格太多疑了。什麼事,你得有依據才行,不能憑空亂懷疑別人,那是誰都受不了的。沒有信任,那還叫愛情嗎?」

小李若有所思地點了點頭,他也覺得前面兩次被人拋棄,問題倒不是因為人家真正做了什麼對不起自己的事,而是自己太多疑,太不信任對方。談到這裡,小李發現了自己的問題所在,後來他去見了心理醫生。

半年後,小李又戀愛了,依然是個漂亮女孩,但他已經知道怎樣避免猜疑和胡思亂想了。那年春節,他和那個女孩結婚了。

愛情就是這樣,當問題出在自己身上時,無論你和什麼樣的人談感情都談不成,只有找出不幸的根源,想辦法解決掉,你才能夠在愛情的路上繼續前行。

禪林清音

世事不明空怨歎,不如洗去心中沙。

10. 女鬼纏身

有一對夫妻非常恩愛,不幸的是年輕的太太突然生了重病,臨終前她拉著丈夫的手,依依不捨地說:「我太愛你了,實在不想離開你。我死後你可不能忘了我去找別的

女人，否則我做鬼也要跟你算帳！」

不久這位太太就去世了。剛開始時，丈夫沉浸在喪婦的悲痛之中，但到了第四個月，他遇見一個女人，兩人一見鍾情，定了終身。

自從訂婚那天起，每天夜裡都有女鬼來騷擾他，罵他不守諾言，並將他與新人之間所發生的事說得一清二楚。

每當他送給未婚妻一件禮品時，女鬼都可能將那件禮品做一番詳細的描述。她甚至可以複述他倆之間的對話。這使他頗為煩惱，以致難以入眠。

一個朋友聽說後，勸他去請教一位住在村旁的禪師。他忍無可忍，只得向禪師求助。

「那女鬼是你的前妻變的，你的一舉一動都瞞不過她。不論你做什麼、說什麼、送什麼東西給你的意中人，她都知道，她一定是個精靈鬼。下次她來的時候，你不妨和她交談，誇她聰明絕頂，無所不知，你對她自然也沒有什麼好隱瞞的。你可以提一個問題，讓她回答，假如她能回答上來，你就答應解除婚約，絕不再娶。」禪師說。

「我要問她一個什麼樣的問題呢？」那人問道。

禪師答道：「你抓一把黃豆，問她你手裡究竟有多少粒。如果她答不出的話，你就該明白，她只是你自己主觀想像的，就再也不會來騷擾你了。」

當天夜裡，女鬼再度出現時，丈夫就依計誇獎了她一番，說她真是無所不知無所不曉。

女鬼自負地說：「一點兒不錯，你今天見了那位禪師，我也知道。」

丈夫隨手抓起一把黃豆，說：「你既然什麼都知道，

那麼說說看，我手裡究竟有多少粒黃豆？」

他等著等著，可是再也沒有鬼來搭腔了。

釋放你的心靈

被女鬼纏身，其實不過是這位丈夫的主觀想像，原因在於他的心沒有放下亡妻的話，那些話成了他的精神負擔。

夫妻、戀人的關係原本是一種緣分促成，它需要相愛的人彼此盡心盡義務。但它不是牢籠，如果舊愛已經消逝，新的愛情降臨，它依然會給每個人離開的自由。

如若你已不再愛你的另一半，你就要學會卸下已經不屬於你的責任，釋放你的心靈，去擁有新的幸福，那才是對你們的愛情真正負起了責任。

他是一個優秀的男人，碩士畢業後留校任教。女友漂亮聰慧，在一家出版社當編輯。兩人中規中矩地交往了一年多，眼看談婚論嫁就要擺上議事日程，忽然間，女友提出分手。

「為什麼？」他一遍遍地問，好奇大於生氣，「你究竟對我什麼不滿意？工作、學歷還是家庭？或者是我的處世態度和生活作風有什麼問題？」

「都不是。」女友說，「只是因為那張照片。」

他的心不禁一顫。那是一張極普通的照片，是他與一位女學生的合影。他常去一家成人進修學院講課，每次講課時，那個女學生都會坐在教室的最前排，全神貫注地盯

著他看。下課了就給他端一杯水，然後和一大幫同學圍著他聊東聊西。他對她印象不錯，和她在一起時也挺舒服，但也僅此而已。

「她端水給你時，你有什麼感覺?」女友追問。

「學生給老師端水不是很正常嗎?」

「那她盯著你看時呢?」

「也很自然啊。老師怎麼能怕學生看。」

「那我盯你看看試試。」女友道。然後便死死地盯住他。有幾分試探，又有幾分認真。「開什麼玩笑。」他卻覺得渾身不自在了，忙拿話岔開。

不久，就出現了那張照片。那是一次課間休息時，一位同學隨身帶了一架相機，還剩下幾張膠捲沒拍完，便對著同學們胡亂抓拍，忽然看見他正和她說著什麼，便順手給拍了下來。不過拍得實在是不錯：他和她的臉挨得很近，額頭幾乎抵著，目光相對，會心微笑。他的神情如暖暖的春風，她的神情如漾漾的春水。

「拍的時候，你在想什麼?」自從見到這張照片，女友就絮絮地問。

「當時正在說話，哪裡顧得上多想什麼。」

「那麼，你們在說什麼?」

「不記得了。」他淡然道，「不過是一張照片，別太在意。」

「你們看來可是真的挺好。」女友的神情帶著些微微的惆悵。「那不過是一張照片。」他有些急了，「我現在就可以撕掉它!」

「撕掉照片容易，可是你能撕掉那個人嗎?」

「我和她只是師生，至多算是朋友，」他氣憤地說，「不信你可以去調查!」

「有些東西連你自己都沒發現，我又能夠去查什麼?」女友幽幽地說，「相信我，我絕不是無中生有。她很適合你，你也很適合她。你之所以和她沒有故事，是因為你在有意識地為我負責，從而無意識地把她關在了情感圈外。」

「你根本沒見過她，怎麼知道她適合我?」

「不要以為這張照片不算什麼，有時候，一句話語，一個動作，一聲歎息都足以暴露一切。」女友指著照片上的他和她，「你仔細看看她的眉毛，她的眼睛，再仔細看看你的笑容，你的神情……你是喜歡她的，是不是?」

他沉默了。他從來沒有想過這個問題，現在追究起來，他真是一點兒都不討厭她，也可以說是喜歡她。如果他有意讓這種喜歡延伸下去，這種喜歡有可能會變成很喜歡，甚至是愛。

「然而，我們在一起這麼長時間，卻從沒有照過一張這麼和諧的照片。」女友說著翻開了影集。果然，他和女友的每一張照片都帶著些莫名其妙的生澀、緊張、惶恐和故作姿態，亦如他和女友所謂的愛情。

「可是，你總不能就為這樣一張照片和我分手吧!」

「那有什麼不能呢?」女友靜靜地說：「旁觀者清，當局者迷。我無法更細緻地分析，你也不要太違心地否定。這張貌似友誼的照片背後，其實充滿了難以言喻的愛情潛質。」他無語。

　　二人終於分了手。當別人問為什麼時，他們都保持緘默。是的，說出來誰會相信呢？

　　一年多的朝夕相處和有意栽培竟然抵不過一張隨意一瞬間拍下的照片。後來，他真的和那個女孩結了婚，正如女友所說的那樣，他和她彼此確實更為適合。他這才明白女友是個在情感上多麼聰明的女人，那張他一直自以為是友誼的合影，居然是一張被她一眼看清的只有在暗房沖洗時才能目睹的愛情底片。

　　「放下舊愛，去擁抱新愛。」也許對某些人來說是個傷感的選擇，但它又何嘗不是一個幸福的抉擇呢？當一個人真正懂得釋放自己的心靈時，新的愛情重組不一定會讓舊愛面臨被拋棄的不幸，相反你的舊愛和你才有機會去擁有真正屬於自己的愛情。

禪林清音

　　真正的愛不是彼此約束，而是讓對方找到幸福。

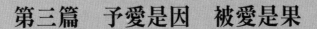

第三篇　予愛是因　被愛是果

1. 慧春的情書

在日本，有一位偉大的女禪師，名字叫慧春。慧春很年輕就出家了，當時日本還沒有專給尼師修行的庵堂，她只好和二十名和尚一起在一位禪師座下習禪。

慧春的容貌非常美麗，剃去了頭髮、穿上素色的法衣非但沒有減損她的美，反而使她的姿容更顯得清麗脫俗，因此與她一起學禪的和尚有好幾位偷偷地暗戀著她。其中一位還寫了情書給她，要求一次私下的約會。慧春收到情書之後，不動聲色。

第二天，禪師上堂說法，說完之後，慧春站起來對著寫信給她的和尚說：「如果你真的像信裡寫的那樣愛我，現在就來擁抱我！」

此言一出，當場就有幾位和尚滿頭大汗地開悟了。

∴道破禪機∴

愛是一種擔當

智慧美麗的慧春禪師收到了情書，給了和尚們一個當頭棒喝，發現他們沒有一個敢擔當。所以說，愛不僅僅是

表達，光擁有表達愛的勇氣是不夠的，它還是一種擔當，一種責任。當你決定向一個人表達愛時，還要擔當起愛一個人的責任。你若愛一個人，就應該為她或他做些什麼，最起碼要為她或他的幸福和生命負起責任。

一個勤勞本分的農民，家裡很窮，又無親無故，無人為他洗衣做飯，生活困窘。但愛美之心他也有之，便買來一張美人畫，貼在茅屋的牆上。他常望著它出神。

有一天他下地回來，發現飯菜已經做好，而且還熱乎著。雖然感覺奇怪，他還是吃了。一連三天，天天如此，到了第四天，他想查個究竟，於是假裝扛鋤下地，早早就溜了回來悄悄趴在門縫向裡偷看。哇，不得了！畫上的那位美人仙袂飄飄，從牆上冉冉落地，準備為他做飯。他一陣狂喜，推門衝了進去，把美人嚇了一跳，連忙轉身想飛回畫中，但為時已晚，已被他雙手抱住。

他非要與她成親不可。美人初時不肯，後來勉強同意了，但提出一個條件：「下雨天我不能出外幹活。」這算什麼條件？年輕人爽快地答應了。

日復一日，月復一月，兩個人過著幸福愉快的生活。有一天忽然下起了大雨，女人想起醬缸還沒有蓋，便催促男人出去蓋一下。男人不肯動，女人只好自己去了，結果被雨一澆，貼在了醬缸上。

這個男人，好不容易擁有一個美人，卻不懂得珍惜，最起碼他沒有認真想過為什麼美人會說「下雨天我不能出外幹活」，沒有把那句話放在心上，所以他最終失去了她。

還有一個企鵝的愛情故事，也道出了愛的責任重

大。

　　有一群生活在冰天雪地裡的企鵝，他們每天都邁著優雅從容的紳士步，愉快地過著日子。他們當中有一隻企鵝叫康康，那是所有企鵝當中最優秀的企鵝之一，他深深愛著他們當中的另一隻企鵝喃喃。在企鵝群裡有個規矩：求婚者必須找一些石頭給被求婚者，以便在以後共同建造溫暖的家而使用。

　　像所有準備求婚的企鵝一樣，康康千辛萬苦地奔波著，去尋找石頭。他經過長途跋涉，丟下一塊又一塊令自己覺得不太滿意的石頭，正當康康累得筋疲力盡時，終於找到了一枚最精緻、最光潔的石頭，這可是他千挑萬選以後覺得最滿意的一枚，他認為只有這一枚，才配得上喃喃。

　　可是，喃喃最後卻和另一隻企鵝結婚了。那隻企鵝，一直跟在康康後面，當康康把他認為不好的石頭扔掉時，那隻企鵝就會把康康扔掉的石頭都撿起來，然後送給喃喃。這些石頭雖然很粗糙而且也不完美，但是很多，堆得滿滿的，於是喃喃便答應嫁給他。

　　康康不明白：喃喃一直都是喜歡自己的啊，平時相處得很好，可為什麼喃喃會做出這種選擇呢？

　　時間過得非常快，轉眼三年過去了，在這期間，康康和喃喃誰也沒理過誰。直到有一天，喃喃才找康康把當初不嫁給他的原因告訴了他：「其實我一直很愛你，可是我卻嫁給了他⋯⋯因為他送了我好多石頭，而那些石頭都是你丟掉的，你知道嗎?我們生活在冰天雪地裡，如果沒有足夠的石頭做窩孵卵，我們的後代在出生之前就會被冰

層凍死……你送我的那一枚石子好美，晶瑩剔透的，可是那是愛情。單純的愛情支撐不了長久的婚姻和對兒女的責任……」

因此，愛一個人最起碼要為對方的幸福和生命著想，時時準備為了責任而付出努力。只有你做到了，你才不會辜負愛情，愛情也不會辜負你。

‥‥禪林清音‥‥

任何一種愛的背後都背著一個袋子，裡面裝著責任。

2. 教化眾生

從早晨起就大雨滂沱，寺廟外面的路邊幾個賣小吃的小販一直沒有生意。

快到中午時，賣烤餅的大概是餓了，就吃了一塊自己烤的餅。他已烤好一大沓，反正也賣不出去。賣西瓜的坐著無聊，也就切開一個西瓜來吃。賣辣香乾的開始吃辣香乾，賣楊梅的也只好吃楊梅了。

雨一直下著，四個小販一直這樣吃著。

賣楊梅的吃得酸死了，賣辣香乾的吃得辣死了，賣烤餅的吃得渴死了，賣西瓜的吃得肚皮脹死了。

這時從雨中慢慢走來一個年輕的小和尚，他從四個小販手中將這四樣東西都買齊了，坐在附近的亭子裡吃。

四個小販看到小和尚有香的、有辣的、有酸的、有甜的，一番狼吞虎嚥的樣子，看上去味道好極了，紛紛流下

了口水。

忽然從寺廟裡面傳來了呵斥聲：「慧生，你師弟哪裡去了？」

是一個長者的聲音。

「回稟師父，剛才慧生師弟見門外有幾個小販，說是教化他們去了。」一個年輕的聲音答道。

當亭子裡的小和尚起身離去時，四個小販已經在吃著相互手裡的東西了，甜美的味道讓他們感到很開心。

而那位小師父卻在唱經閣開始打坐了。

·道破禪機·

愛是分享

四個小販與對方分享了自己的食物，才享受了一頓美餐。愛也是分享，和你愛的人一起分享快樂，就可擁有兩份快樂；把你的朋友介紹給你愛的人，他也把他的朋友介紹給你，你們的朋友就會多出一倍；另外，在物質方面，我有一樣東西，你有一樣東西，如果兩個人走到一起，這兩樣東西就變成了我們的，這樣，我們就共同擁有了兩樣東西。

愛是分享，只有學會了分享，精神才會富足，物質也會充足。

小趙是一個喜歡旅遊的男孩，他工作幾年，攢了點錢就買了輛越野車，一有空就和朋友們去各地旅行。而小露是一個非常喜歡安定的人，她工作幾年後就貸款買下了一套大房子，只不過一個人住那麼大的房子，經常會感到寂

寬，另外，她每月的收入很大一部分用於還房貸，每次想去旅行都覺得資金很緊，不得不打消那些計畫。

後來，小趙在綠野網站上發了一個帖子，說是他提供車，願找一個女孩一起自駕遊杭州。這個帖子遭到不少人的非議和懷疑，許多女孩都不敢與之同行。而每逢週末、節假日只能窩在家裡的小露卻沒想那麼多，她只想出去撒撒歡。

於是，她回復了他，他倆一起從北京出發去了杭州。一路上，小露沒覺得小趙是個壞人，他說自己可能單身太久，有點想談女朋友了，所以才發那樣的帖子，打算碰碰運氣。結果，運氣還真來了。小露聽到這樣的話，感覺他很可愛。

言談之下，小露發現他是一個特別愛旅行的男孩，把錢都用在了旅行上，至今還在租房生活。這起初在她看來是不可思議的，並覺得這樣的男孩沒有安全感。

小趙也沒有強求她的意思，只不過想交個朋友而已。

從杭州回來以後，小趙繼續過自己的簡單生活。而小露卻陷入了矛盾，她覺得自己就是被房子壓得太緊了，才活得那麼累，而人家小趙雖然沒房子，但日子過得非常滋潤。她越來越覺得自己以前太傻，太不會享受生活。

於是，她給好朋友打了一個電話，說：「我打算賣了房子買輛車，以後租房生活，反正現在年輕人都在租房。而且自己還可以開著車去旅行，再也不必為房貸發愁了。」好朋友卻說：「你太不會投資了，現在房子一直在升值，而汽車一直在貶值，最好的辦法是找個有車沒房的

男朋友，既可以幫你還房貸，你還可以和心愛的男人一起開車旅行！」

她聽完好朋友的建議，感覺自己真的挺笨的，怎沒想到這一辦法。就在這時，她又想起了小趙，覺得他或許是個合適的選擇。

於是，她開始主動聯絡他，他們開始交往了，半年後正式談起了戀愛，並很快結婚了，他倆比同齡人更早地過上了有房有車的幸福生活。

分享就是這麼簡單，把「你的」、「我的」變成了「我們的」，既成就了愛，又實現了夢想中的生活。

禪林清音

分享，帶給你的不僅僅是快樂，還有許多許多。

3. 擠牛奶請客

《百喻經》中有這樣一個故事：

有一個貧窮的人，想要請親朋好友來家裡做客。

他想了很久，決定要用牛奶來招待他們，於是便開始在心裡打算著：「這麼多人要喝的牛奶，我該怎麼準備呢？如果我每天都擠一些牛奶的話，每天擠、每天擠，一天一天累積起來，到時候不但沒有地方放，而且搞不好還會變酸、壞掉。那還不如現在就把牛奶存在母牛的肚子裡，等到請客的時候再來擠，這樣又節省空間，又不會壞掉，實在是太棒了。」

這時，他非常開心，覺得自己實在是太聰明了，想到

這麼好的辦法，就趕緊把小牛和母牛分開，免得小牛不小心就把母牛的奶吸光了。

很快地，一個月過去了。到了宴客的日子，來了很多的人，好不容易安頓好親朋好友，總算可以開始大宴賓客了，他興沖沖地將母牛牽出來，準備開始擠牛奶。可是，沒想到，擠了老半天，怎麼擠就是擠不出來，而且連半滴也沒有。

這時候受邀的客人，又是生氣，又覺得好笑，真不知道該怎麼說他，實在是哭笑不得！

· 道破禪機 ·

隨時表達你的愛

愛的表達應該像擠牛奶一樣，經常擠，隨時擠，不要總想著找個機會集中說出來震撼你所愛的人。世事無常，一直以來積攢的愛真要等到你想表達的時候，可能已經沒有機會了。

一個地震中喪偶的男人，在喪禮上笑臉盈盈地招待來訪的親友，弄得親友不知如何是好，很尷尬，想安慰他，他好像很樂的樣子，不安慰他嘛，那來做什麼呢？甚至有的親友心中有點氣憤地想著：人是不是給他暗算殺掉的啊？但沒人去問這個喪偶的男人。

出殯的日子，女方的家長實在按捺不住了，在靈堂上破口咒罵這個男人，相守了二十年的老婆死了還笑得出來，是不是有什麼內情？只見他默默地聽著，不做任何回應，直到罵完了，眾人眼睛全都看著他，等他的反應，他

才說，謝謝指正。

他的臉還是笑笑的，女方的家長差點沒氣暈過去，就衝向他，一手揪住了他胸前的衣領，揮拳打下去。這個男人還是笑笑的，但嘴角已是流出一條血河了。

這時，反而是女方的家長心中一陣寒慄，害怕了，難道這個人已經瘋了？

喪事就在一場鬧劇中度過了。當天夜晚，女方的家長擔心早上的舉動是否不當，偷偷地折回去看這個男人到底是怎麼回事。只見他抱著亡妻的照片呆坐在客廳中。一個小時、兩個小時、三個小時他連動都沒動，也沒出聲音。女方的家長看不出什麼異常，就回去了。

第二天一大早女方的家長又去看了，只見那個男人還是呆坐在那裡，抱著亡妻的照片。這下女方的家長心急了，怎麼說也是二十年的半子，至少應該關心一下，就敲了門進去。門沒鎖，他頭也不回一下，繼續抱著照片。

女方家長問：「你怎麼了啊？」

男人說：「我一生都在忙東忙西的，自認為是為了她好，為她在打拼，她的埋怨我都不曾理會，從沒好好聽她說過一句話，直到這次地震，直到她臨終前，她對我說：『你可以聽我一句話嗎？』我為了讓她高興就說：『我一定聽！』她說：『我知道你是愛我的，我也愛你，我要是死了，你一定會哭的，但我不要看見、聽見你哭，好嗎？你要笑著幫我把後事辦好，你一生都沒答應我什麼，就這一次好嗎？』」

他說完眼中有淚光，因為他一生就答應了她一次。

愛要隨時、隨地、隨心地表達，不要刻意去積攢，不

要因害怕不夠震撼心靈而逃避，只要一切發自內心，對方又怎會嫌它平淡呢？

∵禪林清音∵

七碗受至味，一壺得真趣，空持百千偈，不如吃茶去。

4. 種善因，得善果

佛家常講種善因，得善果，造惡業一定有惡報。宋朝衛仲達的故事，世人皆知。

衛仲達才三十幾歲就被閻羅王抓去，閻羅王命判官查他一生所做的善惡，罪孽的簿子擺滿大廳，善事只有一張紙。衛仲達看了這種情形，心裡疑惑，就問閻羅王：「我很年輕，縱然造罪孽，哪裡會造這麼多？」

閻羅王告訴他：「罪孽不必做出來，只要起心動念，鬼神就有記載，起個惡念就給你寫一筆，所以造惡的簿子擺了一大堆。」

他就問：「我那個善事很少，是哪一樁善事？」

閻羅王告訴他：「皇帝要興建一個工程，這個工程勞民傷財，你出於真心，勸告皇帝不要做這個工程，這就是你的奏摺底稿。」

他說：「我雖然勸皇帝，可是工程還是做了。」

閻羅王說：「如果皇帝聽了，你的功德就更大。雖然沒有聽，你誠心誠意為民眾，這一念真誠的善心非常可貴。」於是閻羅王吩咐判官把記載他善惡的兩個簿子用秤稱一稱，結果善重惡輕。

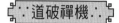

多為對方想一想

　　衛仲達在閻羅王那裡才知道自己一生的善惡有多少，但令他驚訝的是那件勸皇帝卻無果的事，雖然只是一念善心，卻得到了判官善重惡輕的結果。這不正是種善因，得善果嗎？

　　一個人若處處存有善心，必定有好報。如若你處處與人過不去，又怎會可能得善果呢？「種善因，得善果」，在愛情方面尤要如此，若想獲得好姻緣，最起碼應該給對方尊重，處處多為對方想一想，不能一味地只考慮自己的感受。

　　曾經有個男孩得了絕症。他的女友辭掉工作，專心在醫院裡照顧他。兩年並不是一個很短的時間，她始終在床前端飯端藥，跑前跑後地侍候著，雖然還沒有正式結婚，但他們純潔的戀情打動了所有的人。他們的病友換了一個又一個，而小夥子的病情不見好轉也不見惡化。

　　終於有一天，醫生告訴他們一個沉痛的消息：小夥子挺不過這一週了。女孩痛哭失聲，小夥子卻長舒了一口氣。報社的記者們知道了這個感人的故事也匆匆趕來了。

　　他們訴說自己的摯愛，說自己美好的願望；他們傾聽，聽兩人「怦怦」的心跳聲，聽悲苦但無憾的美麗，聽得每個人臉上都淌滿了淚。

　　記者們提出給兩個人拍一張合影，小夥子卻攔住了：「還是不要拍了吧！」

「為什麼?」

「將來她還要嫁人呢!我不想打攪她以後正常的生活。」

她撲進他懷裡失聲痛哭。

第二天,報紙上刊登了一個女孩美麗的側影。

這個男孩時時不忘為女友著想,相信那個女孩一定不會後悔生命中曾有段日子和他一起度過。

而下面的故事卻截然不同,女孩不但不為男友考慮,還處處考驗、刁難對方。

女孩在肯德基店中和男友吵了起來,遠遠地大家都看著他們在爭執,女孩氣惱略略高聲,而他低頭,囁嚅,忽又抬頭,急急說什麼,表情是且央且求。忽地她笑了,討好的,幾乎是諂媚的,他緊張地揉著自己的鼻子。

只聽女孩微微提高了音量:「只有那樣我才知道你愛我!」

是什麼要求?一朵花,一杯茶,一盒香濃的巧克力?抑或一個甜蜜的吻,一個熱烈的,情人的擁抱?

他整個人凝住了,良久,他支著椅子,慢慢起身,很慢很慢,隨時會停下來一樣,眼睛一眨不眨盯著女孩。她驚訝於他滿臉的乞憐與哀求,如同馴順的狗。

女孩甜甜地笑,酒窩天真,腳尖輕輕踢著。

他輕輕蹲下身,遲疑地伸手,彷彿要幫女孩繫鞋帶,卻忽然,他飛快地一傾身,輕輕地吻了一下女孩赤裸的、一直滿不在乎擺蕩著的腳……

他飛速彈回原處,滿臉緋紅,而眼裡有奇異的不能按捺又極力壓抑的難堪。

他跪下去親了她的腳，而這是肯德基，再正大光明不過的公眾場合，音樂、笑聲、薯條的香味和那麼多陌生的眼光與側視。

是什麼可以讓一個男人放下所有的身段，不顧尊嚴，忘記臉面，在公眾面前，這般作踐自己？的確，他愛她，可是她愛他嗎？

有時候，過分地考驗對方，不為對方著想，只會扼殺一段美好的感情。

愛情是姻緣造就，也是一門交際藝術。但它首先是尊重的藝術，多尊重對方，凡事多為對方想一想，不要處處為難對方，才能獲得好姻緣。否則像這個女孩如此苛責地對待男友，就算男友再愛她，但得不到她的尊重，最終也就會棄她而去。

禪林清音

存平等心，行方便事，則因緣淨福。

5.　兩個乞丐相遇

一位從南方來的乞丐與一位北方來的乞丐在路上相遇。南方乞丐驚愕地說道：「你多麼像我，我也多麼像你，你的神情、服裝、舉止，甚至那個碗，都和我的簡直一模一樣。」

北方乞丐也興奮地嚷著：「我覺得在遙遠的過去，似乎就與你相識了。」這兩位乞丐被彼此吸引，他們漸漸地愛上了對方。於是，他們不再去天涯海角討飯，彼此只想

依偎在一起。

南方乞丐問：「我們已經在一起了，你還拿著碗乞求什麼？」

北方乞丐說：「這還需要問嗎？當然是乞求你的愛，我知道你是愛我的，除了我之外，還有誰跟我一樣與你有這麼多相同點呢？」

北方乞丐繼續說道：「親愛的，將你碗裡滿滿的愛，倒在我的空碗裡吧，讓我感受你無比的溫暖。」

南方乞丐回答說：「我端的也是空碗，難道你沒瞧見嗎？我也祈求你的愛倒入我的空碗，讓我的空碗滿滿都是你的愛。」

「我的碗是空的，又怎麼給你呢？」北方乞丐一臉狐疑。

南方乞丐也說：「我的碗難道是滿的嗎？」

兩個乞丐互相乞討，都期望對方能給自己一些什麼，可是一直到最後，任何一方都沒有得到對方的愛。

他們漸漸累了，各自歎息之後，走回自己原本的路，繼續向其他人乞討。

·∴道破禪機·∴·

愛情要付出，更需要回應

兩個吝嗇的乞丐，儘管有太多的相同點，卻誰也不肯給對方一點愛，只得各走各路，分道揚鑣。實際上，愛情不僅需要付出，也需要回應，它需要兩個人的碰撞才會產生火花。如果人人都像乞丐那般吝嗇愛，再好的緣分也只

會錯過；如果只有一個人付出，而另一個人沒有回應，其結局依然不幸。

記得有一段令人惋惜的愛情故事，就說明了這個道理。

他從鄉間給她帶來一袋玉米，她煮了一個來吃，飽滿糯甜。他看到她那副沉醉的樣子，笑了。

她對他最初的感動，是源於他等待的耐心。因為晚自習，夜黑，他和她約好在一個路燈下見，然後一起走。

於是，很多個晚上，當她匆匆地趕在路上時，隔不遠便可看見一個清瘦的男孩子靜靜地立在燈下——差不多每次都是他等她。

有一個晚上，不知為啥，她遲到了將近兩個小時，最後急急地趕到那裡時，滿以為他走了。不料，他仍如往日一樣在那裡靜靜張望。

這一剎那，便成為她日後柔情湧動的回憶。

他一直很寵她，他的至誠讓她相信：他們的愛是可以恒久的。

這一陣子，學區要舉行數學比賽，她作為學校的代表之一，開始忙碌起來。

於是和他的見面少了，電話少了。他心疼她，老跟她說不要太累了。

她心裡甜蜜，卻又急急地要結束對話。說，好了，好了，要做事去了。

其實也不是真的忙得沒有一點空隙。在空閒的時間裡，也想著要見他，要跟他說說話。轉而又想：愛情握在手心，是那樣地平實與溫暖，飛不走的。

　　女孩忙完之後，再去找他，卻漸漸發現了他的冷淡。

　　她開始不安地感覺到有一種美好正悄悄消逝。她的不安一天天擴大，直到那天，他平靜地說：「分手吧。」她拽住他的衣角，追問自己做錯了什麼，她可以改……他說沒有誰錯，然後輕輕掙脫。

　　她不明白，曾經是怎樣一份令她放心的愛情，怎會說走就走呢。

　　一個人愣著睡不著，半夜經過廚房，女孩驀地想起冰箱裡的玉米，他給她帶來的。她煮了一個來吃，玉米已是乾癟無味，全無以前的飽滿糯甜，像是在無聲地譴責她的遺忘。

　　她忽然潸然淚下。她所忽視的恰是她所珍愛的，她的愛情不正如這玉米一樣被她擱置太久？

　　原本能夠握住愛情的她，卻因忘記了回應而讓愛情飛走了。不幸的結局告訴人們，不要以為坐擁他人的愛就可以擺起架子。沒有回應的愛情，是不會有結果的，即使對方很愛很愛你。若你能在被愛時，像下面的少女一樣，懂得回應對方，給愛情加點油，你的愛情才會有個美滿的結局。

　　一位悲傷的少女求見莎士比亞。

　　「莎士比亞先生，你曾寫出了人世間那麼多淒美動人的愛情故事，現在，我有件關於我的愛情的事情請教您，希望您能幫助我。」

　　「哦，可憐的孩子。請說吧。」

　　少女停頓了一下，憂傷的聲調令人心碎：「我愛

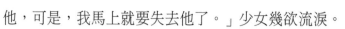

他，可是，我馬上就要失去他了。」少女幾欲流淚。

「孩子，請慢慢從頭說吧。怎麼回事？」莎翁慈祥地說。

「我與他深深相愛著。他以他的熱情，日復一日地用鮮花表達著他對我的愛。每天早上，他都會送我一束迷人的鮮花，每天晚上，他都要為我唱一首動聽的情歌。」

「這不是很好麼？」莎士比亞說。

「可是，最近一個月來，他有時幾天才送一束花，有時，根本就不為我唱歌了，放下花束就匆匆離去了。」

「唔？問題出在哪兒呢？你對他的愛有回應嗎？」

「我從心裡深深愛著他，但是，我從來沒有表露過我對他的愛，我只能以冰冷掩飾內心的熱情。現在他對我的熱情也在慢慢逝去，我真怕，真怕有一天我失去他。先生，請指教我，我該怎麼辦？」

莎士比亞聽完少女的訴說，從屋裡取出一盞油燈，添了一點兒油，點燃了它。

「這是什麼？」少女問。

「油燈。」

「要它做什麼？」

「別說話，讓我們看著它燃燒吧。」莎士比亞示意少女安靜。

燈芯嘶嘶地燃燒著，冒出的火苗歡快而明亮，它的光亮幾乎映亮了整個屋子。然而燈油越來越少，燈芯的火焰也越來越小，光線變弱了。

「呀！該添油了！」少女道。

可是莎士比亞示意少女不要動，任憑燈芯把燈油燒

乾，最後，連燈芯也燒焦了，火焰終於熄滅了，只留下一縷青煙在屋中飄蕩。

少女看著一縷青煙迷惑不解。

「愛情也像這油燈，當燈芯燒焦之後，火焰自然就會熄滅了。你應該知道，現在你該怎麼去做了。」莎士比亞說。少女明白了：「我要去向他表白，我愛他，不能失去他。」

少女謝過莎士比亞，匆匆走了。

愛情真的很需要回應，但願每個人都珍惜自己的愛情，積極回應對方的愛，莫讓你的另一半上演一個人的獨角戲，唱罷之後黯然離去。

‥禪林清音‥

自樂平生道，煙蘿石洞間，野情多放曠，常伴白雲閒。

6. 是元禪師談雕塑

是元禪師以雕塑精美的佛像著稱於世。

這一天，一個小和尚來到是元禪師的禪房，發現自他上週參觀以來，是元禪師一直忙於同一尊羅漢像的雕塑工作，感到非常奇怪。

望著詫異的小和尚，是元禪師解釋道：「我在這個地方潤了潤色，使那兒變得更加光彩些，使面部表情更柔和了些，使那塊肌肉更顯得強健有力，然後，使嘴唇更富有表情，使全身更顯得有力度。」

小和尚不解地說道：「但這些都是瑣碎之處，不大引人注目啊！」

是元禪師回答道：「你說的也許有一定道理，但你要知道，正是這些細小之處使整個作品趨於完美，而讓一件件作品完美的細小之處，可不是一件小事情啊！那些成就非凡的大家總是於細微之處用心，於細微之處著力，這樣日積月累，才能漸入佳境，出神入化。」

·道破禪機·

愛在細節

是元禪師靠著「於細微之處用心，於細微之處著力」成為一代雕塑大家。其實，不光雕塑如此，愛情也需要在細微之處用心，於細微之處著力。

愛在細節，它不需要你花費太多的金錢與精力，只需要一點點地用心，即使是鐵石心腸的人也會被你感動，讓兩個人的愛情漸入佳境。

他和她都是離婚之後再婚的人，所以，他總是形容自己和她的婚姻像是茶中的第二道。第一道已經喝過了，最初的纏綿和清香已經過去了，兩個人是懷著平和的心態結婚的。不過是為了找個伴，不過是為了人生路上有個相互取暖的人，回到家裡不再是一個人冷冷清清地看著空空蕩蕩的屋子，有個圍著碎花圍裙的人亮著廚房的燈在做飯，有一種家的感覺，就足夠了。

這次，他沒有想什麼愛情不愛情的。前妻倒是和他風花雪月地講愛情，三年之後，她卻跟一個老外私奔了。

什麼愛情，全是騙人的，能老實過日子才是真的。而她更不幸，前夫發了財有了新歡，很老套的故事，偏偏發生在她的身上，遇到現在的丈夫，她要的不過是一粥一飯的生活，至於愛情，她也沒有多想。

況且，她還帶著一個4歲的女兒過來。因為帶著孩子，所以考慮得更多些，她常常觀察他是否給孩子臉色看，是否喜歡孩子。日子久了，她發現他一如既往地給孩子買吃買穿，接孩子送孩子。於是，她明白了他的心，知道了他心裡有孩子和她。

一年之後，她又懷孕了。這次，是他的孩子。

那天他生日，她特意做了一桌子菜，訂了蛋糕，想給他一個驚喜。她說：「猜猜，我送你什麼生日禮物？」

他笑著搖頭：「猜不出。」她貼在他耳邊說：「我有了你的孩子。」

他高興地笑了，卻沒有想像中的那樣高興。喝了幾杯酒後，他拉住她的手：「去做掉吧！」

「為什麼？你不是特別喜歡孩子嗎？我給你生個男孩兒，和我們的女兒做伴。」她知道，他的前妻因為要前衛的生活方式，始終沒有給他生孩子。

他拍拍她的手：「我們不是已經有女兒了嗎？」

聽完這句話，她淚流滿面。因為這句話足以打動她的心。她知道自己選對了男人。

他們終於提到了愛情。她說：「我以為，二婚的人不過是過日子罷了，柴米油鹽的夫妻生活，沒有想太多，能把一粥一飯的日子過好就是幸福。」而他告訴她：「知道嗎？愛情也許就是那杯茶，第一道，迫不及待地喝了，沒

有來得及細品，或者苦澀多於清香，耐下心來品茶的人，一定可以把茶的第二道品出不一樣的清香。我們就是茶的第二道。」

後來，他遇到了她財大氣粗的前夫。她前夫霸道地說：「對我女兒好點啊，否則小心你的命！」他淡然地笑了：「對不起，她現在是我的女兒。」一句話四兩撥千斤。她前夫無趣地走了。

她拉住他的胳膊，有些感動地說：「知道嗎？愛情原來是在生活的細節裡。我們年輕時說過的那些紙上談兵般的海誓山盟，是多麼蒼白無力！曾經遭遇過愛情苦難的人，也許更懂得擁有它的美好。而愛情的第二道茶，因為生活的真，因為兩顆愛著的心，會變得更加芬芳醉人。」

愛在細節，幸福孕育在生活中的一個個細節裡。一個眼神、一聲責備、一句暖心的問候、一把擋雨的傘、一頓普通的飯菜、一份便宜的生日禮物……一個個小小的細節往往可以讓人明白你的愛有多真、愛有多深。

禪林清音

在平淡的細節中隱藏著最浪漫的情懷。

7. 美貌的佛陀

佛陀上了年紀之後，變得越來越美，凡是見過他的人，都會傾心於他的美貌。因為他們知道所有從自我而來的惡念見到佛陀時都會在他的面前逃竄，這樣，他們就可以與佛陀合為一體，從而也就和真諦融為一體。沒有一個

見到佛陀的人不是這樣，而且，在他的面前人人都會沉溺於愛的大海裡。

佛陀的面容嫻雅而平靜，好像是皇家的牙雕像。他的鼻子突出、纖細，顯露出雅利安人的血緣特徵。他的眼睛深邃、湛藍，顯露出他言行舉止所恪守的信條。

他是一個王子，但是卻沒有任何一個王子能和他相比，因為在他左邊行走的是般若，右邊是愛，周圍是一片陽光。他的言詞睿智、犀利，即使那些原來抱有譏諷之意的人見面後也會為之傾倒。

有一次佛陀托著大缽，來到一塊正犁著的田邊，遠遠地站著等候施捨。

犁地的是個富人，一見到佛陀那乞食的樣子，就說：「我又耕地，又播種，然後才得食。你也應該耕地播種，閒者不應得食。」

「婆羅門，我也耕地，也播種。」佛陀這樣答道。

「但我們怎麼看不見尊敬的喬答摩的犁呀！」那個人輕蔑地說道。

世尊回答說：「我播下的種子是信仰，犁是理解，鞭子是溫柔，果實則是不生不死。這樣種地的人絕不再受痛苦的折磨。」

那位婆羅門倒了一碗奶糊（米粉和牛奶的混合物），遞給佛陀，說：「請佛陀吃了這碗奶糊，因為您是一位偉大的播種者。」

這個人聽到真諦以後，再也無憂煩之事打擾，從此一心悟道。

為愛尋找適合的土壤

　　美貌的佛陀征服世人靠的並不是自己的外表，而是給他人心中播下信仰的種子。在愛情上也是同樣的道理，這世上貌美的人很多很多，但他們的愛情卻不一定幸福。一個人若想收穫愛情，光憑出眾的外表是不夠的，應該先播下愛的種子，並細心呵護，給它陽光和水分，才能在秋收之際收穫幸福。

　　但是，播下愛的種子，卻與播下信仰的種子不同。它不僅需要你明白自己的愛最適合什麼土壤，還需在對方心中找到適合的土壤才行。有時候，對方心中的土壤若不適合，你還需重新去尋找真正適合的。否則，愛的種子依然不會開花結果。

　　曾經有一個富商，深深地迷戀上了一個美麗的女人。那個女人不僅身段姣好，容顏美麗，還有著極佳的氣質。

　　為了追求到這個女人，富商想盡了一切討她歡心的辦法，然而這個女人卻始終若即若離。

　　時日一久，富商身心疲憊，力不從心，總感覺自己的愛情遙遙無期。只是他是一個不達目的不甘休的人，不到最後絕不放棄。

　　於是，他又繼續努力著，為那個女人提供所有她想要的東西，女人也都一概笑納。

　　誰知，突然有一天，那個女人對他說：「明天我就要

結婚了。你的東西我都保存得很完好，現在你把它們都拿走吧！」

富商非常沮喪，忙問：「到底為什麼？你為什麼選擇了別人？難道我給你的還不夠嗎？」

女人很溫柔地告訴他：「我知道，你給我的都是最好的東西，我相信許多女人都會喜歡。但是，對我而言，它們只是一堆死物，儘管它們承載著你的感情。我之所以選擇了別人，是因為他身上有我真正想要的東西。」

富商還不放棄，繼續問道：「他身上到底有什麼東西是我沒有的？」

女人笑笑：「你有沒有發現，你每次來都是給我送東西，送了東西就說自己很忙，要走了，你從來都沒有時間陪我說說話，你永遠不知道我心裡最想要的是什麼。而他，沒有你富有，也沒有你那麼奢華的禮物，但他每天黃昏的時候都陪我去海邊散步，陪我一起看夕陽，陪我說話，而這才是我真正想要的！」

富商苦笑著說：「那我以後放下生意，天天陪你呢？」

女人又笑著說：「不可能了，我仔細觀察過你，對你而言生意才是最重要的，愛情和女人只是附屬品，我並不適合你！」

富商只好悄然退去。

這個美麗的女人，雖然吸引到了富商，但她發現他並不適合自己，因為他內心的土壤不適合播種自己的愛情，所以她選擇了真正適合自己的人。無疑，她是美麗又智慧的女人，並沒有為表面的誘惑而動心，相信她的愛情一定

是幸福的。

　　渴望播種愛情的你，是否也想過為自己的愛尋找一片適合的土壤呢？

‧‧禪林清音‧‧

　　愛的開花結果，需要的不僅僅是陽光和水分，更需要適合的土壤。

8. 一口好牙

　　佛光禪師對於徒眾一向慈悲有加，尤其有關疾病醫藥、參學旅遊、教育留學，乃至日用所需的福祉設施，無不考慮周詳，督促常住執法者要供應眾弟子衣食無缺，達到僧團利和同均的理想生活。

　　一日，負責會計工作的師父拿了一疊請款收據，蹙著雙眉對禪師說：

　　「師父！最近患牙病的住眾特別多，牙疼雖然不是大事，但痛起來確實難受。常住儘量給大家方便，偏偏牙病的醫藥費非常昂貴，一個人補幾顆蛀牙，裝幾顆假牙，動輒萬千金錢，實在不是常住所能負擔的。」

　　「不能負擔，也要設法負擔。」禪師堅持他的意見。

　　會計師父又補充道：「這些人受了常住的恩澤，不但不知回報，說些好話，反而批評常住，有些甚至才裝好牙就離開僧團。依我看，實在犯不著為他們出這筆冤枉錢。」

　　佛光禪師像是自語似的說道：「這些人雖然嘴裡說不

出什麼好話，但是我卻不能不給他們裝一口好牙。」

為眾生換好牙，讓眾生都能享受人生美味，禪悅為樂，至於眾生能不能有回報，對於深契無所得空的禪師來說，就是不足掛齒，坦然如虛空的僧家事了。

> ‥道破禪機‥

愛情不是投資

付出不求回報是禪者的善意，同時也是愛情的本質要求。那些把付出愛情當作是投資的人，為他人做一點小事都要算筆小帳，看自己賠了還是賺了，到最後把自己當作誘餌，釣上來的往往只是虛空。

曾經有一個富商，深深地愛上了一個女星。但是他有一個習慣，喜歡把每一筆為女星花的錢都記在一個小本本上。

當然，為了討得女星的芳心，他也是花了大價錢的。帶著她去一趟法國巴黎，去一趟倫敦，去一趟萊茵河……帶她去了全世界女人們都嚮往的地方，花了他太多太多的錢。等他發現小本本上的錢花到一千萬的時候，他想她該傾心於自己了吧？

於是，那夜，他又準備了五百萬用來製造一個浪漫場面，並向那個女星求婚。結果那個女星沒有當場答應他，而是說考慮考慮。

怎麼還考慮考慮？我在她身上花的錢已經太多太多了，一分錢的回報都沒有。如果她哪天成了自己的老婆，我一定要讓她全部給我賺回來才是。富商在心裡盤算著。

後來，那個女星可能是覺得自己的事業開始走下坡路了，而且覺得那個富商真的挺愛她的，便同意嫁給了他。娶到女星那一天，富商有種說不出的高興，他覺得回報自己的機會終於來了。

婚後不出三個月，富商終於開口了，他對女星說：「老婆，你看，我們先前談戀愛的時候我花了那麼多錢，甚至還向銀行貸款了。如今我們喜結良緣就是一家人了，你看你能不能在演出方面為家裡多賺點錢回來？我當你的經紀人也行。」

聽到富商的話，女星才恍然大悟，原來他是有所企圖的，並不是真的愛自己，而是把自己當作賺錢的工具。但演技很好的她，沒有當場生氣，還答應了他。

於是，富商興高采烈地幫她去聯繫導演，尋找每一個演出的機會。而女星也是默默地表演著，為他賺錢。漸漸地，女星的事業又重新回到了巔峰狀態，而這時基本上賺回了富商先前花在他身上的錢。那天，女星跟他離婚了，那個富商又回到了原點。

愛情不是投資，不要總想著為對方付出了多少，花了多少錢，更不要計較有無回報。難道為你所愛的人付出不應該是你心甘情願的嗎？既然情願又何必奢求對方為你做點什麼呢？若兩個相愛的人都這樣計較，在一起又有什麼幸福可言呢？

禪林清音

把愛情當作股市的人，可能賠得一塌糊塗。

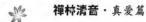

9. 驢和哈巴狗

一個人的家裡養了一頭驢子和一隻哈巴狗。

主人養驢和養哈巴狗自然有著不同的目的。驢可以用來幹些粗重的活兒，而哈巴狗卻是為了調節生活、開心取樂的。

哈巴狗的確是個討人喜歡的小傢伙，整天圍著主人轉，又是蹦又是跳，還會耍很多的把戲。惹得主人常常開懷大笑，主人非常寵愛這隻哈巴狗，買許多好吃的東西給它吃，逗它玩。

驢子的處境可就不一樣了。驢子根本不可能像哈巴狗那樣進到主人的客廳和臥室裡，每天都要走很多的路，馱著很重的東西，而且還常常有拉磨、擔水等零活兒等著它幹。驢子吃的也不是什麼精細的食物，不過是些乾草、燕麥之類的粗飼料。

驢子每天看到哈巴狗享受著那麼優裕的待遇，心裡總感到憤憤不平。

有一天，驢子想：「我為什麼該忍受這樣的生活呢？哈巴狗所做的一切，我又不是不會，為什麼不學學哈巴狗的樣子，看看主人是否還會這樣偏心？」

驢子這樣想著，也的確在等待著機會去實踐一下，看主人是否對自己會像待哈巴狗那樣好。

這一天，主人家來了位客人，客人很喜歡主人家的哈巴狗，主人便把哈巴狗借給客人玩幾天。

哈巴狗被客人帶走了，主人家立刻變得冷清了起來。

驢子看到主人沉悶、無聊的樣子，覺得表現自己的機會到了，於是，驢子從牲口棚裡掙脫了韁繩，走進主人住的屋子。

主人正在客廳裡喝茶，驢子走進客廳，用剛剛吃完草料的髒嘴去拱主人的身體，把兩個前蹄搭在茶几上，還要用舌頭去舔主人的臉和手。主人驚慌地站起來，十分不解地大聲呵斥驢子：「混蛋東西！誰讓你進屋來了？趕快給我滾出去！」

驢子以為自己做得還不夠勁，又是蹦又是跳，茶几上的杯子也弄碎了，茶水灑了滿地。

主人狠狠地用皮鞭抽打驢子，驢子遍體鱗傷，連肋骨也被打斷了。

·:·道破禪機·:·

偽裝得不到真感情

驢子終究是驢子，學哈巴狗討主人喜歡，只會挨一頓痛打。可見，放棄原來的自我，用盡心機去偽裝成別人的樣子，只會遭到他人的笑話。

其實，愛情也是如此，人不能為了得到愛情而用盡心機去偽裝。哪怕你把自己偽裝得至善至美，騙得了一時，但是當假面具被揭開時，只會遭到對方的厭惡和鄙視。追求喜歡的人，應該用真心、真感情去做事，哪怕努力了沒有回報，最起碼還會贏得對方的尊重。

曾有一個故事很直白地告訴人們，在愛情的道路上無論你怎樣會用心計，也比不上別人的一顆簡單至純的真

心。

　　那是某年某月的某一天，下著傾盆大雨，兩個結伴行乞的窮困青年餓得不行了，倒在大街上動彈不得。路人紛紛趕路，繞開他倆視而不見。這時，一位十分美麗的年輕女醫生拿著傘走了過來，駐足他倆身邊，並一直將傘置於他倆的上方直至雨停，其後又買來食品讓他倆吃下。天使般的女醫生有一個美麗動人的名字——露絲。

　　露絲的舉動令兩個乞丐萬分感動，他倆同時愛上了她。為了得到這份愛，他倆展開了默默的競爭。

　　第一位乞丐曾深情地問過露絲：「小姐，能告訴我你的男友在從事什麼職業嗎？」

　　「哦，對不起，我沒有男朋友。」

　　「那你希望未來的男朋友是做什麼的呢？」

　　「有意思，他最好是位名醫師吧。」女醫生回答。

　　一天，第二位乞丐也跑去向露絲坦言表白：「小姐，我愛你！」

　　「對不起，我不會愛上一個不講衛生的人。」女醫生不客氣地說。

　　次日，這位乞丐洗漱乾淨穿上一身新衣服跑去對露絲說：「小姐，我愛你！」「對不起，我不會愛上一個沒錢的人。」過了一段日子，這位乞丐興高采烈地跑去對露絲說：「親愛的，我買的彩票中了頭獎，五百萬！這下我能得到你的愛情了！」不料姑娘還是平靜地說：「對不起，你不是醫生。或許我只會愛上一位醫生。」

　　幾年後，當年的第二位乞丐竟神奇地以醫師的身份又來到了露絲面前：「親愛的，我想現在你可以嫁給我

了。」

「很抱歉，我已經嫁人了。」說罷，露絲挽著她身邊的丈夫走進了醫院的大門。第二位乞丐定睛一看，差點兒沒昏了過去。原來，女醫生挽著的人正是當年與他搭伴行乞餓倒街頭的第一位乞丐──而今他已是這家全市最大醫院的院長，也是全市最有名的外科主治醫師。第二位乞丐不服氣，於是便氣勢洶洶地跑過去問第一位乞丐：「你到底使用了什麼魔法？」

「我用的是心，你用的卻是計謀；我的心始終是朝著一個方向，而你過於急功近利，眼睛裡總是裝著虛偽。」

兩個乞丐的起點相同，結局卻相差甚遠。可見，真正的愛情容不得半點的心機和虛偽，反而你越是用一顆最簡單的真心，越容易捕獲對方的真心。

‥禪林清音‥

虛情假意遭嫌惡，真心真意換真情。

10. 蓮花色與妓女

有位涅德比丘，四處參訪，到了仲雪。此地有一位富如多聞天子的施主，他與愛妻過著幸福的生活，但美中不足的是膝下無子。

施主常常擔憂：我們有這麼多財富，若無子繼承，等我倆死後也是被國王沒收。所以，他夫婦二人常祈求大梵天、帝釋天等諸神，也常到佛菩薩前作供養，久而久之因祈禱與眾緣和合，終於有一個凡夫來入胎了。

　　妻子高興地對丈夫說：「我身已有孕且右側偏重，肯定會生個男孩。」說畢夫婦倆都按捺不住內心的喜悅，共同祈願：「願這個小生命長大後孝順父母，對整個家族種姓有利，對佛法有利，在我們去世後能好好地作個超度。」施主還另建一座宮殿，宮內冷暖適宜，設備齊全，還有五味飲食、動聽的音樂等，非常舒適。

　　懷胎九月，施主的妻子果然生下一個非常莊嚴的男嬰，身如白蓮，夫婦就為他取名「蓮花色」。他們用上好的食品精心餵養著蓮花色。蓮花色猶如海中的蓮花般迅速成長。他長大後，無礙通達世間的十八門學問，並對釋迦教法生起極大的信心。祈請父母同意後，就到那位四處參訪的涅德比丘前出家受戒。

　　有一天，蓮花色比丘未稟白自己的堪布，便擅自出遊了。蓮花色比丘到磨吐羅城，與城中的僧眾一同安住下來。

　　一天清晨，蓮花色比丘持缽去城中化緣，因初到此地，人生地疏，竟然走到一家妓院去了。一妓女見到蓮花色比丘，即刻慾火中燒，生起了極大的貪心，便迎上前去熱情地說：「尊者，請到我家應供吧！」蓮花色比丘還真以為她是位虔誠的信徒，就隨她去了家中。

　　難以抑制貪慾的妓女坦然地對他說：「尊者，您相貌端嚴，我青春貌美，我倆一定有很深的緣分，應該同眠共枕。」此言一出，蓮花色比丘真是大吃一驚，連忙摀住耳朵不敢聽下去，並請求她：「請你不要這樣說！不要這樣說！我已出家受了戒，無論如何是不能這樣做的。」

　　妓女聽了並不以為然，強辯道：「您如果不能這樣

做,為什麼跑到妓院來呢?」

蓮花色比丘忙解釋:「我跑來這裡是想應供,別無他意,我新來此地,既不知這裡是妓院,也不知你是妓女,我的確不是生貪心而來此地的,不管怎樣,我都不會做破壞戒行的事。」

妓女忍不住貪慾,威脅道:「那好,你若不答應我,今天我是不會放過你的。」蓮花色比丘聽了,害怕極了,不顧一切地衝出去逃走了。

他沒再化緣,空著肚子一直跑回經堂去。

那位妓女慾火焚燒,難以克制,想盡辦法找到了一位會咒術的賤女。賤女對於咒術非常精通,能很快勾召來男人。妓女對賤女說明自己的心意,並許諾若能圓滿這個心願,定會以很多黃金回報,賤女就答應了,她用牛糞作各種壇城,供香花、食子等,燒護摩、白芥子等,口中念誦儀軌、咒語,果真把蓮花色比丘勾召到她家來了。

賤女說:「今天勾召你來有兩條路任你選:一是你跟那位妓女過夫妻生活,二是將你作火供。你自己看著辦!」蓮花色比丘毫不猶豫地自言自語:「如來出世猶如曇花一現,暇滿人身亦是難得,出家為僧更是難中之難。我今已得出家就應堅守淨戒,所以,跳入火坑是我最好的選擇。」

賤女聽了這番話,頓時覺得非常慚愧,想到自己的言行又很懊惱,自己造了太大的惡業,立即對蓮花色比丘生起恭敬心,放棄一切勾召儀軌等,恭敬、合掌、頂禮於比丘前懺悔。在一旁的妓女見此事,也減退貪慾之心,二人共在蓮花色比丘前誠懇地懺悔後,祈求傳法。蓮花色比丘

給她們傳了相應的法，她們如理修持後，證得了預流果。二人再次祈求：「我們願在佛陀的教法下出家，受持比丘尼戒。」蓮花色比丘把她們交給其他比丘尼眾，在那裡出家受戒修法，她們二位勇猛精進，最終得證羅漢果。

··道破禪機··

用大愛留住愛情

蓮花色寧願跳入火坑，也要堅守淨戒，最終感動了賤女和妓女。儘管她倆以前那麼威脅自己，他依然傳授她們佛法。這是佛者的寬容，也是一種大愛。每個人的愛情中若是有這樣一種大愛，感動的將不僅僅是你的愛人，甚至會讓你的情敵望而卻步。

有個女人有了外遇，要和丈夫離婚。丈夫不同意，女人便整天吵吵鬧鬧，無奈之下，丈夫只好答應妻子的要求。不過，離婚前，他想見見妻子的男朋友，妻子滿口應承。第二天一大早，便把一個高大英俊的中年人帶回家來。

女人本以為丈夫一見到自己的男朋友必定氣勢洶洶地討伐，可是丈夫沒有，他很有風度地和男人握了握手。之後，他說他很想和她的男朋友交談一下，希望妻子回避一會兒，女人遵從了丈夫的建議。

站在門外，女人心裡七上八下，生怕兩個男人在屋內打起來。事實證明，她的擔心完全是多餘的，幾分鐘後，兩個男人相安無事地走了出來。

送男友回家的路上，女人禁不住詢問：「我丈夫和你

談了些什麼？是不是說我的壞話？」男友一聽，止住了腳步，他惋惜地搖搖頭說：「你太不瞭解你丈夫了，就像我不瞭解你一樣！」

女人聽完連忙申辯道：「我怎麼不瞭解他，他木訥，缺乏情趣，家庭保姆似的簡直不像個男人。」

「你既然這麼瞭解他，你應該知道他跟我說了些什麼。」

「說了些什麼？」

「他說你心臟不好，但易暴易怒，叫我結婚後凡事順著你；他說你胃不好，但又喜歡吃辣椒，叮囑我今後勸你少吃一點辣椒。」

「就這些？」女人有點驚訝。

「就這些，沒別的。」

聽完，女人慢慢地低下了頭。男友走上前，撫摸著女人的頭髮，語重心長地說：「你丈夫是個好男人，他比我心胸開闊。回去吧，他才是真正值得你依戀的人，他比我和其他男人更懂得怎樣愛你。」

說完，男友轉過身，毅然離去。

這次風波過後，女人再也沒提過離婚二字，因為她已經明白，她擁有的這份愛，就是最好的那份。

大愛是一種智慧，它讓你凌駕於愛情之上，讓你情願無怨無悔地付出，給你帶來堅固無比的愛情。

禪林清音

去爭吵、去罵，往往不如默默地接受現實、寬容對方。

第四篇　不為物惑　不為利迷

1. 得不到的水珍珠

道謙禪師是南宋著名的僧人，他的弟子中出類拔萃者眾多，一天，他的大弟子給小師弟們講了這樣一個故事：

從前有一個國王，有許多王子，十分想要一個女兒。後來，他的寵妃終於生了一位嬌嫩可愛的公主。

國王非常疼愛小公主，視如掌上明珠，根本捨不得責罵。對公主的要求更是有求必應，從來不曾拒絕。公主就是想要天上的星星，國王也會設法為公主摘下來。

一天午後，雨過天晴，公主帶著婢女在花園中遊玩，只見花草樹木經過雨水的沖洗，潤澤鮮麗，紅肥綠瘦，鬱鬱蔥蔥。

公主欣賞著雨後的景致，很快被池塘裡傳來的脈脈荷香所吸引。她走近池邊，突然發現了一個從未見過的奇觀：池水熱氣經過蒸發，正冒出一顆顆晶瑩剔透、閃耀奪目、光芒四射的珍珠水泡。

公主看得入神，突發奇想：「如果把這些水珍珠串成鏈子，戴在頭髮上，一定美麗極了！」

打定主意，於是叫婢女把水泡撈上來，但是婢女的手一觸及水泡，水泡便無影無蹤。折騰了半天，公主沒有得

到一顆水珍珠。

公主一氣之下跑回宮中，把父王拉到了池畔，指著一池閃閃發光的水珠說：

「父王！你一向是最疼愛女兒的，我要什麼東西，你都會給我找到。您看水中的珍珠多漂亮，女兒想要把它串成珠鏈，戴在頭上，你說好不好？」

國王無限憐愛地撫摸著女兒的頭髮，笑著說：「傻孩子！水珍珠雖然好看，終究是虛幻不實的，怎麼可能做成珠鏈呢？父王另外給你找些水晶珠鏈，一定比水珍珠還美麗！」

「不要，不要，我只要水珍珠做珠鏈，我不要什麼水晶珠鏈。如果你不給我，我就不活了。」公主驕縱地哭鬧著。

束手無策的國王只好把大臣們集合到花園，憂心忡忡地說：「各位大臣們！你們都是舉世無雙的奇工巧匠，如果有誰能夠拿池中的水泡為公主編織美麗的珠鏈，我就重重獎賞。」

大臣們面面相覷，不知如何是好，只能如實相告：「報告陛下，水珍珠一觸即破，怎麼能夠拿來做珠鏈呢？」

「連這點事都無法辦到，我平日對你們的恩澤都白費了。如果無法滿足我女兒的心願，你們就別想活著走出王宮。」國王盛怒地呵斥道。

就在這時，從群臣中走出一位鬚髮斑白的老者，他鎮定自若地說：「國王請息怒，我有辦法替公主做成珠鏈。只是微臣老眼昏花，實在看不清楚池中的水珍珠，哪一顆

比較均勻飽滿，能否請公主親自挑選，交給我來編串？」

公主聽了，一時興起，立刻拿起水瓢，彎下腰身，認真地舀取自己中意的水泡。

本來光彩閃爍的水珍珠，經公主輕輕一觸，霎時破滅，消失在水裡。撈了老半天，公主一顆水珍珠也揀不起來。

睿智的大臣望著垂頭喪氣的公主，和藹地說：「水珍珠本來就是生滅無常的。如果把人生的希望建立在這種虛假不實、瞬間即逝的東西上，到頭來必然一無所得。」

∵道破禪機∵

踢開虛榮的絆腳石

許多看似極美的東西其實是最虛幻的，就像美麗的水珍珠一樣。然而在愛情生活中，許多人仍然會沉迷於那些像水珍珠一樣美妙卻虛幻的東西，這不過是虛榮心在作祟罷了。虛榮心是愛情的大敵，它除了把你帶進虛幻不可靠的境地之外，毫無幸福可言。直到有一天，等你如夢初醒的時候，才發現原來早已錯過了最真實的幸福。

男孩和女孩是一對青梅竹馬的戀人。有一天，男孩女孩牽著手去逛街。經過一家名牌首飾店門口時，女孩一眼看見了擺在玻璃櫃中的那條做工精美的心形金項鍊。

女孩心想：我的脖子這麼白，配上這條項鍊一定好看。

男孩看見了女孩眼中那依依不捨的目光，他摸摸自己的錢包，臉紅了，拉著女孩走開了。

幾個月後，女孩的20歲生日到了。

　　在女孩的生日宴會上，男孩喝了很多酒，才敢把給女孩的生日禮物拿出來，那正是女孩想要的那條心形的金項鍊。

　　女孩高興地當眾吻了一下男孩的臉。

　　過了半晌，男孩才憋紅著臉，搓著手，囁嚅地說：「不過，這、這項鍊不是……純金的……」

　　男孩的聲音很小，但客廳裡所有的客人都聽見了。

　　女孩的臉驀地漲得通紅，把正準備戴到自己那白皙漂亮的脖子上的項鍊揉成一團隨便放在了牛仔褲的口袋裡。

　　「來，喝酒！」女孩大聲說，直到宴會結束，女孩再也沒看男孩一眼。

　　不久後，一個男人闖進了女孩的生活。男人說，他什麼也沒有，只有錢。

　　當他把閃閃發光的金首飾戴到女孩身上時，同時也俘虜了女孩那顆愛慕虛榮的心。

　　他們很快便在外面租了一間房子同居了。男人對女孩百依百順，女孩暗暗慶倖自己在男孩和男人之間的選擇。

　　對於女孩來說，那真是一段幸福的日子。

　　但是好景不長，在女孩發現自己懷孕了的同時，也發現男人失蹤了。

　　當房東再一次來催她繳房租時，她只得走進了當鋪，把自己所有的金首飾擺在了櫃檯上。

　　老闆眯著眼睛看了一眼說：「你拿這麼多鍍金首飾來幹什麼？」

　　女孩一下子愣住了。

　　接著老闆的眼睛一亮，扒開一堆首飾，拿出最下面的那條項鍊說：「嗯，這倒是一條真金項鍊，值一點錢。」

　　女孩一看，這不正是男孩送她的那條金項鍊嗎？

　　當鋪老闆把玩著那條心形的項鍊問：「喂，你打算當多少錢?」

　　女孩忽然一把奪過那條項鍊就走了。

　　這個喜歡虛榮的女孩，在最後一瞬間才明白自己錯過了真正的幸福，那是怎樣一種悔恨啊！然而，這一切都是自己選擇的結果，又能怪誰呢？一個人，若想得到真正的幸福，就應該踢開虛榮，千萬別讓它成為你幸福路上的絆腳石。

‧‧禪林清音‧‧

好向枝頭採春色，不知春色在籃中。

2. 胡桃與鐘樓

　　從前，一個小和尚一直跟隨著師父四處行腳。

　　有一天，他們來到一個小鎮上，天氣很熱，他們想討一碗水喝。正好前面有一個茶館，小和尚問師父：「我們能不能去討杯茶水喝，還可以歇歇腳。」

　　師父同意了，他們來到了茶館前，小二非常熱情地迎他們進來。正在櫃檯前算帳的老闆看到是兩個和尚，立刻放下手上的事，來到他倆面前。

　　「歡迎二位遠道而來的師父，本店所有茶水對你們免費！」老闆熱情地招呼他倆。

小和尚一聽非常高興，而師父卻一臉平淡。

　　茶水端上來以後，小和尚當即喝了一大杯，而師父始終沒有喝茶。

　　小和尚正在納悶，店老闆又發話了：「希望二位師父喝完茶水能在佛祖多燒幾柱香，保佑小店能天天生意興隆啊！」

　　師父依然不說話，留下一杯茶錢，轉身出去了，小和尚也跟著跑了出去。

　　在路上，小和尚忍不住問師父：「師父為何不喝那免費的茶水？」

　　「因為那茶水有毒！」師父開口就是這麼句話。小和尚一聽大驚，急忙摳自己的嗓子，想把茶水吐出來。

　　「不必吐了，死不了！」師父又說。

　　「為什麼您說茶水有毒，又說死不了啊？」小和尚更加奇怪。

　　師父見他依然不明白，就給他講了這麼個故事。

　　一隻烏鴉叼了個胡桃，飛上了一座高大的鐘樓的樓頂，它用自己的爪子抓住胡桃，並想用自己的喙去啄開它。可是突然間，那胡桃滾了下來，消失在一道牆壁的裂縫裡。

　　「牆啊，美好的牆，」胡桃核知道它已不必再擔憂烏鴉的利喙了，就向牆壁哀求道，「請看在上帝的分上，它對你是這樣好，把你造得這樣高大堅強，還給你裝上這些聲響如此美妙的大鐘，救救我，可憐可憐我吧！我原是註定落在我爸爸的枝丫下面的，」它繼續講下去，「而且要在那肥沃的泥土裡休息，蓋上黃葉。我求你，別拋棄我。

當我被那兇惡的烏鴉抓住，躺在它可怕的爪下時，我曾起了個誓，我說，如果上帝讓我逃出命來，我發誓要在一個小洞裡結束我的生命。」

大鐘柔聲嘀咕著，警告鐘樓要小心提防，因為胡桃核可能是危險有害的。但是牆壁卻大發慈悲，決定掩護它，讓它留在落下的地方。

過了不久，胡桃核裂開來了，把根伸進石頭的縫隙，接著根又從磚石間穿過，枝丫也從小洞裡探出頭來。樹枝長大起來，變得更加粗壯，從鐘樓頂上直伸出去，而那些又粗又彎的樹根，開始在牆上打洞，把所有年老的石頭都推了出去。

這時牆壁才知道胡桃核的謙恭是怎麼回事，它發誓躲在洞裡，原來是不老實的。它真後悔不聽聰明的大鐘的話，可是已經太遲了。

胡桃樹繼續長呀長呀，而那道牆壁，那可憐的不幸的牆，就這樣崩潰倒塌了。

講完故事，師父又點撥他道：「茶水就是那胡桃核，我若喝它，必被它所害，回去就得為那施主夜夜燒香。」

小和尚聽完大悟。

道破禪機

提防別有用心的愛

這世上有許多看似美好的熱情，其實背後都隱藏著不可告人的陰謀。師父正因為猜透了店主的用心，才不喝那免費的茶。其實不光茶水如此，有些愛情背後也佈下了

讓人得不償失的圈套。有不少人就因為喝下了愛情的「毒茶」，痛苦不堪。

小雨畢業於知名大學，順利地進入了一家外企公司。

和許多剛入職的大學生一樣，起初她只能從普通的職員做起，聽從經理的吆喝。但是，富有心計的小雨才不會滿足於那種常規的升遷之路，她無時不在渴望著大跨越式的發展。

當她瞭解到經理還沒有對象時，感覺機會來了。於是，她開始製造各種機會，讓經理關注自己。當然，她也不會被動地等人家來注意，平時總會對經理噓寒問暖，還不時在半夜裡發條曖昧的短信。

時間一久，經理果然對她產生了好感，對她的關照也越來越多。每月的獎金發放到她手裡的，也會比別人多一些。所有這些讓小雨感到非常開心，但她卻告訴自己，這還不是自己的最終目標。

後來，小雨借助這種曖昧關係，順利地升遷到了經理助理的位置。而此時，小雨已經開始有機會接觸更高層，並用同樣的套路向更高層進攻。而那個經理卻一直沉迷於那似是而非的愛情裡，直到小雨爬到比他更高的位置，對他開始變得冷落，他才如夢初醒。

小雨就是這樣，一路上她不知利用了多少人的感情，終於爬到了董事長助理的位置。當所有人開始在心裡恨她時，她早已出國了。

也許有人會覺得那些被小雨欺騙的男人很傻，可是當這樣的愛情毒茶出自一個剛畢業的女大學生之手時，又有

幾個人會存有戒心呢？

　　辦公室愛情，有時不一定全都像這樣充滿心計，處處都是互相利用的陷阱。但是感情是傷害不起的，每個人能做的就是盡可能地提防那些別有用心的愛。

・‧禪林清音‧‧

有些愛裡可能藏著致命的毒藥。

3. 尋找「我」的戀人

　　在一個生機盎然的春天，在一個充滿愛戀的湖邊，一個年輕的男人遇見了一個年輕的女人。

　　「現在我才發現，我來到這個世界上，就是為了今天與你相遇。」年輕男人含情脈脈地注視著女人。

　　「我也一樣，所以我們相遇了。」

　　男人和女人相擁而去。

　　之後的某一天，還是那個年輕女人，獨自在那片草地上尋找著，雙眸流露出恐慌和不安。

　　一個和尚走了過來：

　　「孩子，你已經在此尋找許久了，你究竟丟失了什麼東西呢？」

　　年輕女人一邊搜尋著，一邊不安地回答著和尚的問話：「我在尋找我自己。自從那天在這裡與他相遇，我就發現我丟失了自己。我的歡笑因他而產生，我的眼淚因他而流淌；他的一句話可將我托上高高的峰巔，他的一聲歎息可將我拋下黑暗的地獄；我睜著雙眼，看到的只有他的

身影；閉上雙眼，聽到的只是他的聲音；我似乎是因他而生，我更因他而死。然而，我呢？我到哪裡去了？偷一個空閒，我來尋找我自己。」

和尚笑道：「孩子，不必尋找了。當愛產生時，『我』就消失了。你們相愛著，你們已經彼此消失自我，融為一個整體，你的自我只能在他那裡尋找，而他的自我只能在你這裡尋找。遺憾的是，他和你都不見了，因而你們不必尋找，你們已經變成了一個新的整體。」

正說著，那年輕人也來了，他也來尋找自我，和尚把上面的話又重複了一遍。

「可是，『我』還能夠回來嗎？即使返回，『我』還會是從前的『我』嗎？『我』在新的整體那兒，會有幸福和快樂嗎？」男人和女人同時問。

「唉！誰能預知明天發生的事呢？你們擁有今天燦爛的陽光，何必為明天天空的陰晴發愁呢？」和尚說。

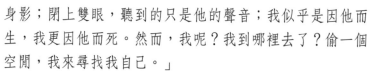

享受當下的幸福

一對年輕戀人相愛後，沒有為他們變成一個新整體而慶倖，卻為明天的幸福而發愁，努力尋找原來的「我」。可和尚告訴他們，原來的「我」已經消失，沒有誰能預知明天會發生什麼事，既然擁有今天燦爛的陽光，何必為明天天空的陰晴發愁呢？

是啊，過去的種種都已經成為過去，未來的風雲變化又無法預知，當下的幸福才是每一對戀人最應去珍惜和

享受的。那些日日為過去而煩惱，為明天的聚散而憂心的人，不僅浪費了自己的生命，還降低了愛情的品質。

老叟是一所大學裡的帥哥，之所以被同學稱為老叟，主要是因為他考慮事情像老叟一樣老道。

那一年夏天，老叟去校園的移動營業廳交手機費。剛交完費，天就下起雨了。無奈之下，他只好找個座位等雨停。

這時，一個很漂亮的女生打著一把傘進來，也是交手機費的。老叟都大三了，還沒有女朋友。他越看那女孩越中意，一時心動鼓舞著他勇敢地對女孩說：「美女，用你的傘送我一程吧？」

那女孩莞爾一笑，覺得這個男孩雖臉皮厚但總體感覺不討厭，就爽快地答應了他。

在雨中，老叟不停地想出各種笑話來逗女孩笑，不知不覺地已經到了老叟的宿舍樓下。但他故意裝作還沒到，繼續往前走，為了和女孩多呆一會兒。

最後，老叟果然成功地要到了女孩的手機號。

那天晚上，他們互發短信發了半夜，彼此頗有好感。

第二天是週末，老叟提出跟女孩一起看電影去，女孩又答應了。

老叟激動得一夜根本沒睡著，他越發越覺得自己太幸福了，追到這麼漂亮的女友。

看完那場電影，他倆差不多發展成了戀人關係，惹得舍友們都很羨慕老叟這閃電般的愛情。

這段戀情進行了一年，老叟和那女孩都大四了，就業

的壓力越來越大了。

　　老叟知道自己很愛這個女孩，但他覺得自己更適合回西部，他想畢業後回自己的老家甘肅發展；而那個女孩是江蘇人，很想回南京就業。在這一點上，他倆產生了分歧。雖然不影響兩人當前的戀情，但在老叟看來，這段感情到畢業就沒戲了。

　　老叟認為自己該早作打算，沒有結果的愛情是沒有什麼好珍惜的。

　　於是，他開始減少和女孩的約會，一邊忙著泡圖書館寫畢業論文，一邊在網上投簡歷找工作。

　　其實，女孩還想過跟老叟一起去甘肅，只是擔心自己受不了那裡的氣候，再者就是離父母更遠了。她希望老叟多給自己一點時間和信心，好讓她做出這個勇敢的決定，或者看看老叟能否改變主意跟自己去南京發展。

　　然而老叟的冷淡讓女孩很傷心，在女孩看來，就算老叟覺得兩個人以後可能不會在一起，也不至於一下子變得這麼冷漠，把自己丟下完全不管吧！氣憤之下，女孩不再主動找老叟。

　　就這樣，兩人都沒有提出分手，但越來越少來往了，一段美麗的戀情若即若離。

　　到了大四的寒假前夕，學校要放假了。老叟猛然發覺自己冷落女孩已經好久了，感覺有點愧疚。他給女孩發短信：「有空嗎？我們一起出去走走吧！在雪地裡一定很浪漫。」

　　女孩還在生老叟的氣，但她覺得再有半年可能就再也見不到老叟了，而且他們是在雨中相識的，在雪中漫步也

許是個不錯的結局。於是，她答應了。

老叟在雪地上站著，看著遠處那個熟悉的倩影緩緩地向自己走來。他又一次感到自己是多麼愛她，可惜這輩子沒有緣分了。

女孩先開口說話了：「這段時間你好像很忙，一直沒聯繫我！」

「妳可以聯繫我啊，我在忙著寫論文、找工作呢！」老叟故作輕鬆地說。

女孩沒有答話，她彷彿已經感受到了離別的傷感。

這時，老叟拉起她的手，說給她暖暖手，女孩不說話由他握著。

老叟突然長歎了一口氣：「也許，以後給你暖手的人不是我了。」

「那是因為你不想了吧？」女孩質問他。

「不是，是命運捉弄！」老叟無奈地說。

「可是你也沒有珍惜我們眼前的幸福啊？我覺得你太消極、太自私，你也不想想辦法怎樣讓我們永遠在一起，只會為自己的未來考慮！」女孩終於說出自己想說的話。

「我們分手吧，分手後你會有新的幸福。」女孩沒想到老叟說出這樣的話，她一下子甩開老叟的手，走了。那一次短暫的約會成了他們愛情的終點。

這對可憐的戀人，其實也不是沒可能在一起，至少那個女孩想過退一步。只是自認為慮事老道的老叟太早地給愛情下了結論：與其畢業時分手痛苦，不如現在就結束。他的態度就像那種為明天的聚散而心憂失望的戀人，連當下的幸福也沒有珍惜。

人有時候想了太多的明天，只會破壞當下的幸福。最聰明的活法應是，享受當下的幸福，忘卻明天的煩惱。只有這樣，你的愛情才更有品質，你的幸福才有可能延續。

‧‧禪林清音‧‧

當下的幸福最實在，未來的愁緒最虛無。

4. 何謂「大悟」

有一天，幾個弟子為了「大悟」一意，爭得面紅耳赤。於是，他們幾個一起來到智禪大師的棲室，問道：「這世間，何謂『大悟』呢？」

智禪大師微笑著說：「大悟自在心靜中！」

此時，那幾個徒弟頗有些迷惑。

在午膳之前，智禪大師帶著那幾個弟子，來到後山的李子林裡。樹頭上的李子大都熟透了，紫裡透紅的漿果散發出一縷縷誘人的芳香。

智禪大師吩咐兩個弟子，從樹上採摘了一竹簍李子。爾後，他讓在場的每一位弟子品嘗，李子的汁液像蜜汁一樣甘甜。

待吃完之後，智禪大師帶著弟子走到一個小小的水潭前，他俯身掬起一捧潭水喝了起來。然後，他讓弟子們也嘗一下。

弟子們紛紛仿效師傅的樣子，喝了幾口潭水後，便咂巴咂巴嘴。

智禪大師問：「小潭的水質如何呢？」

　　弟子們又用舌頭舔了舔嘴唇，回答說：「小潭裡的水，比我們捨近求遠擔來的水甜多了。往後，我們可以到這小潭來擔水吃呀！」

　　這時候，智禪大師便讓一個弟子提了一木桶潭水。然後，他們回到寺院。午膳之後，智禪大師讓每一個弟子都重新品嘗一下從後山小潭打回來的水。

　　弟子們嘗過之後，大都將水從口裡吐了出來，一個個都皺起了眉頭。因為這些水很澀，而且有一股腐草味。

　　智禪大師解釋道：「為什麼同一個小潭裡的水，卻有兩種不同的滋味呢？因為你們先前品嘗的時候，都吃過李子，口裡留有李子的餘汁，所以就把這水的澀給掩蓋了。」

　　眾弟子們都認同地點了點頭。

　　智禪大師看了看面前的徒弟，意味深長地說：「這世上有些事情，即使你我親自體驗過，也未必觸及到它們的本質。因為往往有些事情，一時會被繁華的假象給迷惑了，『大悟』就是這個道理呀！你我必須有一顆平靜的心，拋卻那些虛榮和繁華呵！」

·道破禪機·

別把曖昧當愛情

　　愛情的面紗有時是一種曖昧，但曖昧的卻不一定是愛情。曖昧有時如那潭水，當你習慣了家裡的「自來水」之後，偶爾品嘗了「李子」發現「潭水」似乎更甜。但若真讓你以那「潭水」為生，才發現它澀中還夾帶著一股腐草

味兒。

　　因此，千萬別把曖昧當愛情。儘管你淺嘗它時，香甜可口，但它終究是一種潛在的危機、慢性的毒藥。它在生活中只不過比好朋友親一點，但比起真正的夫妻還是差遠了。

　　文文是一個出入職場的女孩，她的上司老劉比她大五歲。平日裡老劉很照顧她，文文也喜歡在老劉面前撒嬌。在周圍同事看來，他倆關係已然非常曖昧。

　　面對同事的議論，文文聽來心裡美滋滋的，她覺得眼下這種曖昧關係也許是一段美好戀情的開始，況且老劉還是單身。然而，老劉卻在議論中感到一股壓力。

　　有天早上，天空下起了淅淅瀝瀝的小雨，文文起床後顧不上吃飯就打著傘往公司趕。當她走到公司樓下的時候，遠遠地看見一個熟悉的身影正在雨中狂奔。看到他奔跑的樣子，文文又欣喜又心疼。

　　待到老劉跑近，文文趕快走上前去給他撐起了傘。

　　在傘下，兩人肩並肩有說有笑地走著。這時，又有同事看到了，在悄悄地議論著。

　　老劉感覺很不自在，只好快走幾步，走到了樓下，和文文保持一定的距離。文文敏感的心早發現了他的害怕，但只是心裡笑笑，她覺得他畢竟是上司，在乎同事的議論是正常的。

　　這樣的關係大約處了半年，文文有點氣惱老劉怎麼還不向自己表白？但她又覺得這樣的狀態還是挺好的，於是也沒有顯得那麼著急。

　　突然有一天，總公司下來一位女高階主管，人很年

輕、漂亮，還很受人尊重。年齡看上去比文文大三四歲，文文暗自對自己說：她就是自己事業發展的目標。

然而，那天吃午飯的時候，文文想去找老劉一起吃飯。卻發現老劉不在辦公室，她只好一個人朝外走。走到樓下，她看到老劉為那個女主管撐著太陽傘，還被她挽著胳膊。

頓時，一股強烈的醋意湧上心頭。但文文很矜持，她不敢上前說些什麼。倒是老劉發現了她，卻什麼也沒說，徑直地朝前走去。

那天下午，文文情緒非常不穩定。她一想起那一幕就感到自己被人耍了，看到同事們怪異的眼神，就覺得大家在笑話她。

晚上回到家，她還在氣憤中，心裡開始有點恨老劉了。覺得他是一個隻會討好上級的哈巴狗，一條道貌岸然的色狼。

半夜裡，她還是忍不住發短信問老劉，那個女人到底和他什麼關係？

沒想到老劉很快就回覆了她：「她是我的未婚妻。」

當看到「未婚妻」三個字時，文文絕望了。她還想繼續問他們認識多久了？但那條短信最終沒有發出去，文文覺得沒有那個必要了。

畢竟老劉並沒有給自己承諾什麼，說不定人家一直把自己當小妹妹對待呢！

從那以後，文文和老劉保持了距離，在工作上依然合作得很愉快。

單純的文文錯把老劉的「曖昧」當作了愛情，到頭來

卻發現，曖昧終究是曖昧，永遠成不了愛情。因此，在生命的旅途中，每個人應該保持清醒的頭腦，別把看似美好的曖昧當作愛情，否則受傷的只有自己。

‧‧禪林清音‧‧

一住寒山萬事休，更無雜念掛心頭。閒書石壁題詩句，任運還同不繫舟。

5. 晏子辭婚

春秋時期，齊景公有個女兒，從小就生得乖巧可愛，特別惹人喜歡，齊景公對她更是愛如掌上明珠。

齊景公從宮中挑選出品學兼優的女官，對女兒輔導培養。隨著時間一天一天地過去，女兒長大了，不僅相貌漂亮，而且知書達禮，落落大方，成了朝野皆知的絕代佳人。漸漸地，女兒到了談婚論嫁的年齡，這可把齊景公愁壞了。

許多上卿、大夫都想讓自己的兒子娶到這位佳人。一來可以跟國君聯姻，即使以後有什麼做得不對的地方，也不至於遭到砍頭、抄家的懲罰；再者，百官知道後都會來巴結自己，說不定能撈到很多的好處。

但是當時有個規矩，就是諸侯之女要嫁給諸侯之子，可是景公擔心把女兒嫁到別的國家去，父女就再難見面了，而且一旦兩國交戰，女兒的處境就更難了，於是他放棄了這種想法。

他打算把女兒下嫁給國內的臣民，這樣是離女兒近一

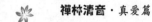

些，可以常見到女兒。但他又擔心門不當戶不對，被人笑話，便也放棄了這種想法。

他想來想去想到了晏子，晏子身為齊國的相國，女兒嫁過去，做一位相國夫人，也不算辱沒門庭。

但他不知道晏子是否同意，不能貿然行事，必須親自去聽聽晏子的意見。

這一天，齊景公坐車來到相國晏府。晏子見國君到來，慌忙出來拜見，說道：「不知君侯光臨，有失遠迎，臣罪該萬死！」

齊景公說：「相國不必客氣，寡人在宮中呆膩了，來到相府與相國嘮嘮家常，不必大驚小怪。」

晏子吩咐家人趕快擺酒，為君侯接風。既然是家宴，晏子也就不拘禮了，喚出相國夫人來給齊景公斟酒。

齊景公問：「這是相國夫人嗎?」

晏子回答：「對，這是臣的糟糠之妻。」

齊景公等相國夫人退下後，說：「唉！真是又老又醜啊。寡人有個女兒，又年輕又漂亮，就把她嫁給相國做妻子吧！」

晏子離開座位，對著齊景公恭敬地回答說：「現在她是又老又醜，我與她生活在一起已經很長時間了，因此也趕上過她又年輕又漂亮的年華。況且人都是在年輕時就把將來年老時託付給對方，在漂亮時把將來醜陋時託付給對方，我已接受了她的託付，對她做出終身的承諾了。君侯想賞賜給我一個年輕美貌的女子，難道是想讓我背棄妻子的託付而拋棄她，另尋新歡嗎?」

晏子說完，向景公拜了兩拜，婉言拒絕了這件婚事。

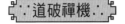

·道破禪機·

莫當愛情的逃兵

常言道：執子之手，與子偕老。真摯的愛情不會因時光流逝、歲月變遷而冷卻和消逝，但它卻會在生活的滲透中變得平淡、甚至讓你感覺不到它的存在。因此，才有曾經許多海誓山盟的夫妻會在激情過後走上了分手的道路。

但晏子沒有這樣，因為他深知現在的妻子雖然又老又醜，但自己既然趕上了她又年輕又漂亮的年華，就有責任接受她當前的醜陋，為她守候終身。所以，他拒絕了那門婚事，沒有當愛情的逃兵。

有人也許覺得人生在世不過圖個自己快活，既然伴侶人老珠黃、朱顏已改，又恰逢有新人投懷送抱，讓自己重拾激情，何樂而不為呢？其實，這種人往往忽略了一點，那就是一旦他自己沒有這種責任感時，他身邊的人其實也很少有責任感，這樣一來，他隨時都有被拋棄的危險，只恐怕到時候悔之晚矣。

這並非只是邏輯上的推理，而是在生活中時時都有發生的事。

有一個企業家，年輕時曾在鄉下和一女子結婚生子。後來，自己出來開創事業，幾朝辛苦，擁握重金，功成名就。

在繁華面前，猛然發現原來的老婆土得令人輕視，而身邊有越來越多的年輕漂亮女子意欲投懷。相形之下，他忘記了老婆在他草創階段的鼓勵與支持，忘記了孩子的尊

敬與期望，一時腦熱，迅速地離婚、結婚。

　　然而，時日不久他漸漸發現，那個青春貌美的身影背後掩藏著一顆貪婪無比的心，幾近花盡自己所有的錢財。屋漏偏逢連夜雨，看著自己的錢袋越來越癟時，又遭遇企業危機，原本渴望嬌妻的鼓舞，卻發現她早已收拾好行李，另求新君去了。

　　當看到孩子、妻子、錢財、地位全都煙消雲散，他才發現：當愛情的逃兵結局何其慘烈！

　　所以，愛情不僅僅是一種激情燃燒，它還摻帶了一種相濡以沫的義務。你既然接受了它的絢爛多姿，就有義務欣賞它的葉落花垂。就像一對白髮蒼蒼的老人，彼此之間也許激情不再，但僅剩下那份默默的關愛與默契，卻足以樂享餘生。

·· 禪林清音 ··

　　花開之時受兩恩，花落之際念兩情。

6. 野狐精

　　武周延載年間（西元六九四年），京都長安有個女人自稱是「聖菩薩」，顯現各種神異，尤其具有「他心通」，可知道對方心事，一時之間轟動了京城。

　　消息傳到宮中，為武則天所知，遂請入宮中，她要親自見識一下這位菩薩的功德。那位菩薩果然有些道法，武則天問她幾個問題，皆被她說中，靈驗非常。武則天心中嘆服，仍欲進一步驗證，便說：「你既是菩薩，自然無事

不知，無事不曉，那麼你說我現在想什麼呢？」誰知，那位菩薩立即就把武則天所想的說了出來。武則天一看果然是位活菩薩，便請她住在宮中，供養起來。

這時有位大安禪師來到京城，武則天也恭迎他入宮問道。

武則天心想，自己宮中有位活菩薩，可得讓大安禪師見識一下。這位禪僧行跡江湖，閱人無數，如把消息傳出去，說我感得菩薩保佑，那對自己的統治可大大有利。

想到此處，武則天便把大安禪師領到女菩薩跟前說：「這位是我供養的菩薩，無事不知，無事不曉，還能善知人心所想呢。」

哪知大安禪師卻不施禮致敬，他向菩薩道：「既然如此，就請你說說我的心現在在什麼地方吧。」那位菩薩微微一笑道：「在塔頂的風鈴上呢。」菩薩說對了。

過了片刻，大安禪師又問：「現在呢？」

菩薩回答：「在兜率天彌勒宮中，聽彌勒說法呢。」菩薩又答對了。

大安禪師又問：「現在在哪？」菩薩回答：「在非想非非想處天。」又答對了。

武則天禁不住興高采烈起來。

大安禪師又問：「現在我心在哪？」女菩薩遲疑良久，不知如何回答是好。大安禪師厲聲喝道：「好你個女菩薩，我的心才到阿羅漢境界，你就不知道了。如果到了菩薩諸佛境界，你還知道什麼！」

那位女菩薩羞得滿臉通紅，下座便走。不料現出原形，原來是一隻「野狐精」。

·道破禪機·

用智慧擊敗你的第三者

再厲害的野狐精也逃不出禪師的法眼，同理，再有威脅的第三者也攻不破堅實的愛情碉堡。愛情雖然沒有保險，永遠會面臨著第三者的進攻，但智慧的人卻能彈指一揮就讓其悄然遁逃。

法國小說家呂西安・里歇著書立說常常妙筆生花、浪漫情事多多，但他的家庭生活卻太平靜、太單調了。

呂西安・里歇每天到圖書館去寫作，他太太每天操持家務，並負責列印丈夫定期在《里昂晚報》上發表的短篇小說。

他每天回家的第一件事幾乎是一成不變的：擁抱一下妻子，親親她的前額，說天天重複的一句話：「親愛的，我希望我不在家時，你沒有過於煩悶，是嗎？」

太太的回答差不多也是一成不變：「沒有，家裡也是有這麼多事情要做。但看到你回來，我還是很高興的。」

結婚23年來，幾乎天天如此！

但是，萬萬沒有想到的是，奧爾嘉・巴列絲卡以第三者的身份闖進了他們的家庭。這是一個剛離了婚、漂亮奔放、甚至有點寡廉鮮恥的女人。她降服了小說家，並且提出要跟他結婚。

小說家畢竟是小說家，他想出個妙主意。他編了一個故事，把自己與太太的現實處境轉托成兩個虛構人物的經歷。為了能被妻子領悟，他還特意引用了他們夫妻間以往

生活中若干特有的細節。在故事的結尾，他讓那對夫妻離了婚，並特意寫道：那個妻子對丈夫已經沒有了愛情，一滴眼淚也沒有流地走了，以後隱居在南方的森林小屋，靠丈夫補償給她的足夠的法郎，悠閒自得地消磨著自由的時光……

他把這份手稿交給太太列印時，心裡難免有些不安。晚上回到家裡時，心裡嘀咕妻子會怎麼接待他。

「親愛的，我希望我不在家時你沒有過於煩悶，是嗎？」呂西安‧里歇的話裡帶著幾分猶豫。

太太卻像平常一樣安詳：「沒有，家裡有這麼多事情要做吶。但看到你回來，我還是很高興的。」

呂西安‧里歇猜測，難道她沒有看懂？或者她把列印的事情安排到了明天？然而，太太告訴他，故事已經列印好了，並經仔細校對後寄往《里昂晚報》編輯部了。可是她為什麼一字不提文中的情節呢？畢竟心虛，小說家沒有多問，他受著情感的煎熬。

直到故事在報上發表後，悶葫蘆才打開。原來，太太把故事的結局改了：既然丈夫提出了這個要求，妻子只得強忍心中的悲傷，和丈夫離了婚。可是，那位在結婚23年之後依然保持著自己純真愛情的妻子，卻在前往南方森林小屋的途中抑鬱而死。

小說家呂西安‧里歇震驚了，懺悔了，當下就和那個令他神魂顛倒的女人一刀兩斷。

太陽又升起來了，他們的生活還在繼續。如同太太沒有向他說起自己修改故事的結局一樣，呂西安‧里歇也沒有向太太談到自己的這段情事。

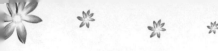

「親愛的，我希望我不在家時你沒有過於煩悶，是嗎？」呂西安‧里歐回到家時，一如既往地問道，不過比以往更加深情。

「沒有，家裡有這麼多事情要做。但看到你回來，我還是很高興的。」妻子一如既往地回答，不過比以往更加溫柔。

情人就像流行歌曲，只會讓你一時陶醉。愛人卻是那首沉放在心底的老歌，不管歲月如何更改，不管青春是否還在，那份永恆的愛不會改變。所以，只要你有勝券在握的信心，有著直搗愛人內心的智慧，擊敗第三者就會輕而易舉。

·禪林清音··

最淒慘的不是有人搶你的東西，而是你不知道怎麼奪回來。

7. 罈子裡的老鼠

有一次德高禪師問他的弟子：「什麼是最可怕的？」

有的弟子回答：「驕傲！」

有的弟子說：「嫉妒！」

還有的說：「自私！」

德高禪師笑而不答，良久才開口給他們講了一個故事。

樑上有一隻老鼠不小心掉了下來，不過幸運的是它沒有摔死，為什麼呢？原來它掉進一個罈子裡，罈子裡盛著

大半壇米。它的運氣真是好到了極點，老鼠高興地手舞足蹈起來。

不過很快它就收斂起它的得意忘形，它是一隻警惕的老鼠。它扒著罈子口環顧著四周，確定沒有危險後，便開始愉悅地享受著米的美味，一通猛吃後，它倒頭就睡。

這是一個被主人遺忘的罈子。老鼠見這裡很安全，乾脆就住在了罈子裡，吃在罈子裡，睡在罈子裡，過著衣食無憂的生活。老鼠也曾想過還是回到從前的窩裡去，但是他想想，老是跑來跑去的多累呀，還是住在罈子裡舒服。

老鼠就這樣每天吃飽了睡，睡好了吃。日子一天天過去，罈子裡的米已經露底了。老鼠醒來後，一頓就把罈子裡剩下的米吃完了。它想，米吃完了，不得不回老家了。它朝壇口跳去，卻發現想要跳出壇口簡直就是做夢。它費盡心機嘗試各種辦法後，筋疲力盡地癱在了壇底……

有一天，這個罈子終於引起了主人的注意，因為罈子裡冒出一股臭氣——老鼠屍體腐爛的氣味。

望著弟子們若有所思的表情，德高禪師說：「貪圖安逸的老鼠自絕出路，人有時也會像老鼠一樣因太貪圖安逸而走向絕境。」

⌐··道破禪機··⌐

小心你的愛情股被套牢

貪圖安逸是老鼠最終不得出逃的重要原因，人有時也會因為太貪圖安逸而喪失幸福。如果把愛情看作是一支股票，有人可以買得一支績優股，幸福扶搖直上；但有的人

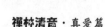

卻會被自己精心挑選的愛情股所套牢，慘不忍睹。

時下拜金主義盛行，許多人尋求愛人的根本目的往往是在尋求金錢的多寡。例如，在原本高薪的售屋小姐口中盛行著一句：「售屋不如售自己！」許多售屋小姐渴望著在售屋的同時，把自己推銷給那些成功人士，讓自己擁有一支愛情績優股，下半輩子的飯碗就有了。還有些男人也抱有這種觀念，他們流行一句話是：「娶一個有房子的女人，可以少奮鬥十年。」當前房價高漲，房子已然變成了許多年輕人的奢侈品，因此有些男人懼怕長期的奮鬥，巴不得找一個有房的女人結婚。

然而，生活總喜歡和貪圖安逸的人開玩笑，當一個人越是希望自己的愛情股飛漲時，它反而跌得越快。另外，即使有幸套得一支所謂的愛情「績優股」，也不一定讓你真的幸福。

曾經有個老大不小的單身男子，工作平平，人又不思進取，收入很一般。但他非常相信一位算命人的話，說他一定能娶到一個有房有車的好老婆。因此，每每有人給他介紹對象，他一看對方沒錢就放棄。

終於有一天，他真的碰上了一個有房有車的白領女子，恰好那女孩對他也有好感。機會降臨，他當然不會錯過，用盡所有心思，他終於贏得了女子的芳心，並與她閃電結婚。

在眾多朋友的豔羨中，他住上了洋房，開起了好車。然而工作卻遲遲沒有變化，他原本以為老婆會給他重新找一份好工作，可以既輕鬆體面又賺錢多。可是她卻一點反應都沒有，而這個男子也不好意思說出來，畢竟住人家

的，用人家的，難道飯碗也要人家給找？

日子就這樣熬著，大約過了一年。那女子突然對他說：「一個好機會來了，我要出國留學了！」

「是嗎？這好啊！」男子滿心歡喜地以為自己的生活又上了一個臺階。

沒想到老婆卻憂心地說：「要麼我們把房、車賣掉，你陪我一起出去，打工助我留學；要麼你怕吃苦就留在國內，房子和車子的貸款繼續還完。你選吧。」

「什麼？這房和車是貸款買的？」他非常驚訝地喊道。

「是啊，我年紀輕輕，怎麼可能買得起？」女子很平靜地說。

這下這個男子絕望了，一起出國是幫老婆打工賺學費，況且自己外語不好，在國外哪有那麼好混的？就算把房和車賣掉，那麼高的利息，除去老婆學費、生活費，恐怕也剩不下幾個錢。自己在國內繼續還房貸吧，不曉得壓力有多大？況且自己收入又低。

不管他怎麼選擇，都不會感到划算。而他老婆見他遲遲不答覆，還以為他不想陪自己一起出去，就決定一個人走了。

餘下的日子可想而知，這個男子背負巨額房貸，像背著房子的蝸牛一般痛苦地前進著，而他的老婆還極有可能不回來了。

這個貪圖安逸的男子原本以為自己套了一支愛情「績優股」，到頭來卻發覺是支超級垃圾股。如果真把愛情比做股票的話，若不想你的愛情股被套牢，沒有什麼神

奇的方法去挑選績優股，因為只要是股票都會有漲有跌。
只有放棄貪圖安逸的念頭，努力提升自己的價值，自己坐
莊，讓自己變成一支績優股，才能確保它不被套牢。

∵禪林清音∵

被套牢的不是愛情，而是你那顆貪圖安逸的心。

8. 三位老人

　　一天，一位婦人走到屋外，看見前院坐著三位有著
雪白長鬚的老人。她並不認識他們，於是說：「我想我並
不認識你們，不過你們應該餓了，請進來吃點東西吧。」
「家裡的男主人在嗎？」老人們問。

　　「不在」婦人說：「他出去了。」

　　「那我們不能進去。」老人們回答說。

　　傍晚當她的丈夫回家後，婦人告訴丈夫事情的經過。
「去告訴他們我在家裡了，並邀請他們進來！」婦人走出
去邀請三位老人進屋內。「我們不可以一起進去一個房屋
內。」老人們回答說。

　　「為什麼呢？」婦人想要瞭解。其中一位老人解釋
說：「他的名字是財富。」指著他的一位朋友說。然後又
指著另外一位說：「他是成功，而我是愛。」

　　接著又補充說：「你現在進去跟你丈夫討論看看，要
我們其中的哪一位到你們的家裡。」婦人進去告訴她丈夫
剛剛談話的內容。

　　她丈夫非常高興地說：「原來是這麼一回事啊！讓我

們邀請財富進來！」

　　婦人並不同意，說到：「親愛的，我們何不邀請成功進來呢？」

　　他們的小兒子在屋內的另一個角落聆聽他們談話。並插進自己的建議：「我們邀請愛進來不是更好嗎？」

　　丈夫對太太講：「那就讓我們照著他的意見吧！去請愛來作客。」

　　婦人到屋外問那三位老者：「請問哪位是愛？」

　　愛起身朝屋子走去，另外二者也跟著他一起。婦人驚訝地問財富和成功：「我只邀請愛，怎麼連你們也一道來了呢？」

　　老者們齊聲回答：「如果你邀請的是財富或成功，另外二人誰都不會跟進來，而你邀請愛的話，那麼無論愛走到哪，我們都會跟隨。哪兒有愛，哪兒就有財富和成功。」

·道破禪機·

有了愛，才能擁有一切

　　當邀請愛進屋時，財富與成功才能跟隨，小兒子感性的選擇卻勝過了大人看似有理的抉擇。這個寓意不是諷刺成人，而是告訴人們，有了愛，才能擁有一切，愛是世界上最富有的資本。反之，當你竭盡全力去擁有成功或財富時，愛可能已經溜走了，那種沒有愛的生活又有什麼意義呢？

　　這個簡單的道理，聽起來誰都明白，但做起來卻有很

多人做不到。現實中有數不勝數的男人一心去創事業,賺大錢,而忽略了家庭和孩子,結果功成名就時,妻子已然離去。還有那種事業型的女人,雖然自己高高在上,成就非凡,卻沒有哪個男人樂意與之相守一生。這無非是捨棄愛而去追求財富與成功的惡果。

同樣的兩難選擇,有一個叫布魯克‧湯姆的美國人卻做到了。

他擁有21億美元資產,有一個專門從事私有稅務服務和電腦資訊的赫赫有名的大公司。湯姆年輕有為,妻子是個律師,有兩個可愛的兒子。這似乎是個幸福美滿的家庭,但自從湯姆出任總裁後,他的全部精力和時間讓工作占滿了,家庭中的溫馨氣息淡多了。

湯姆很快意識到這個問題的嚴重性,他可不希望等到有一天後悔,他知道,除了做生意賺大錢之外,還有更有意義的事情可以去做。於是,他突然決定去學校當一名教師,並毅然辭去了總裁的職位。湯姆犧牲個人前途,以巨大代價換來的卻是他所教的學生在他家冰箱上貼的「世界上最棒的老師」的字,是全家人飯桌上的快樂。同時,他的資產不但沒有減少,反而越來越多。

不管他人怎樣看待湯姆的選擇,但在他的內心中,一定是幸福和滿足的。

財富永遠是無止境的,成功的高度同樣是一次比一次高,唯有愛才是很難再找回來的。如果一個人擁有諸多榮譽,卻無人與你真心分享;擁有家財萬貫,卻嗟歎窮得只剩下錢了,那是一種怎樣的悲哀呢?而愛卻是一種能量,只有選擇了愛,為了愛而打拼,才能讓你的生命充滿激

情，讓你永不後悔。

所以，當你的人生走到這樣的岔路口時，就要多想想，怎樣的選擇才能讓自己的人生更有意義。

∴禪林清音∴

愛的蓓蕾結出的碩果，才是真正的大豐收。

9. 靈光頓悟

弟子問禪師：「師父，如何使身心清淨？」

禪師說：「有個人聽了算命先生的話，說他眉頭泛光，當天就能變成富翁，於是他就直接走到別人的銀樓裡，當著別人的面伸手就拿櫃子裡的金銀，被人抓住送進了衙門。縣太爺問他：『你怎敢在光天化日之下搶別人錢財？』那個人回答道：『我只看到了錢，沒有看到人呀！』」

禪師緊接說道：「有禪心的人，眼睛裡看到的只有塵埃！」

弟子又問道：「那怎樣才能成佛？」

禪師厲聲喝道：「你外出雲遊，在廟宇與叢林之間奔走，可曾找到你們的安身之處？如果只會攀山涉水來來去去，那只是白白踏破草鞋，等著閻王爺向你收草鞋錢吧！」

弟子不依不饒地又問道：「怎樣才能成佛？」

光祚禪師撫掌大笑：「好！意志堅定的人，將踏破的草鞋扔掉，光著腳向前走，沒有了任何束縛，也就沒有了任何煩惱，不用為了草鞋破了磨腳擔心；不用為了草鞋錢擔心；意志不堅定的人，心裡掛念太多，心都裝滿了，千

門萬戶都不得封鎖了，還安什麼身、立什麼命！」

弟子望瞭望自己的草鞋，靈光一閃，頓悟了。

·道破禪機·

懂得淡泊才幸福

參禪者在捨掉了束縛與擔心後才能修道成佛，愛情則需要淡泊才能終見幸福。甘心做紅塵中一粒普普通通的塵埃時，你才發現，尋常的一切都能讓你感動和欣喜。無論男女，當你愛一個人時，若更看重他或她給你帶來的名利，結果只會讓你活得更累、更空虛，毫無幸福可言。

有兩個很要好的女孩，她們是大學裡的同學和室友。

其中一個女孩叫寧寧，另一個女孩叫歡歡，她們在大學時就是有著無數追求者的校花。

大四那年，寧寧選擇了一個追求者，雖然那男孩沒什麼好條件，但為人真誠、進取上進。而歡歡非常反對寧寧的選擇，她勸說寧寧應該找個老外，然後出國生活。對此，寧寧只是笑笑說：「我恐怕沒有那福分，還是你去吧，到時候我就有身處國外的深閨密友了！」

歡歡見勸不動她，就不再阻擋了。從那以後，寧寧經常出去約會，歡歡變得孤單了。但她一直相信自己能等到白馬王子。

事情果然如她所願，臨近畢業還有3個月時，歡歡和一個美籍男子相愛了。歡歡出色的英語使他們的愛情如閃電一般，一觸即發。

從那天起，每晚回到寢室，歡歡都會有意無意地向寧

寧炫耀自己的男友如何的有錢，出手都是美元，給她買的東西都是國際大品牌。而寧寧並不受刺激，她每次都會順著歡歡說：「我好羨慕你哦！」

後來大學畢業了，寧寧和歡歡這對好朋友互道珍重。寧寧和男朋友都留在了北京，在一家公司裡打工，過著平凡的日子。而歡歡則和她的美籍男友一起去了美國，很是開心。

起初，歡歡經常會給寧寧打電話，訴說她在國外的生活多麼瀟灑，住著花園洋房，開著名車，幾乎不用上班，反正有老公養著。寧寧還是像以前那樣說：「我好羨慕你哦，我每天上班擠公車，晚上還得找時間讀書充電，買的房子是貸款的，貸款壓力很大。買不起好衣服，穿不上好鞋子，什麼都比不上你……」但寧寧只是說給歡歡聽而已，她心裡一直很幸福。

每當歡歡聽到寧寧這麼苦，都會勸她為啥不像她一樣找個外國人，反正趁著現在年輕、漂亮。但寧寧每次都回應她──反正這輩子就是這麼苦命了，不奢想嘍！

這樣的生活大約過了一年。有一天，寧寧老公出差了，寧寧睡得很早，半夜突然被歡歡的電話吵醒。

電話那頭傳來歡歡哭泣的聲音：「寧寧，我要回國了，實在跟這個男人過不下去了。他居然背著我，在外面養著兩個女人……」

寧寧聽後，一下子不知道怎麼安慰她，只是覺得自己曾經擔心的事終於發生了。她只得說：「歡歡，你冷靜冷靜，看看這件事還有沒有商量處理的辦法，實在不行再回來，我永遠支持你！」

最後，歡歡還是拎著一個行李箱回國了，而寧寧家的寶寶也在那一天出生了。

寧寧和歡歡有著不同的價值觀，這才有了不同的愛情選擇，但名利似乎永遠與幸福的愛情相衝突，而平淡卻與幸福相守相約。最後，寧寧收穫了平淡的幸福，而歡歡卻連平淡的幸福也沒有得到。

淡泊是一種明智，當你捨棄一些東西的時候必然得到了你想要的東西。淡泊是一種豁達，只有你放下心中的奢望，才能擁有淡然的幸福。因此，懂得淡泊的人，才會擁有幸福的愛情、幸福的人生。

‧‧禪林清音‧‧

淡泊的也許是你想要的，如若捨不下，可能連最簡單的幸福也得不到。

10. 水中倒影

釋迦牟尼說過這樣一個充滿哲理的故事：

有一個富家媳婦，因為經常被婆婆責罵，便賭氣走進林中，想自殺了結性命。自殺沒有成功，她便爬到樹上，想暫時安歇一個晚上。樹下有一個泥塘，她的身影倒映在水中。

這時，走來一位婢女，挑著水桶準備取水，看見水中的倒影，以為就是自己，便自言自語地說道：「我長得這樣美麗端莊，為什麼替別人挑水呢？」立即打破水桶，回到主人家中。她對大家說：「我長得這樣端莊美麗，為什

麼還讓我幹挑水這種粗活？」大家議論道：「這個婢女大概是被鬼魅迷住了，所以才會說此蠢話、幹此蠢事。」也不理睬她，又交給她一個水桶，再叫她去取水。

婢女重新來到池塘邊，又看到了富家媳婦的倒影，便再一次打破了水桶。

富家媳婦在樹上目睹這發生的一切，忍不住笑了。婢女見水中的倒影笑了，便有所覺悟，抬頭一看，見一個婦女坐在樹上微笑，她容貌端莊，服飾華麗，非伊可比，便覺得很羞慚。

釋迦牟尼說：「我為什麼要講這個故事呢？是因為世上有倒見愚惑之眾。」

釋迦牟尼是從婢女誤認富家媳婦的倒影為自己的角度來闡述的，他把這種現象，稱作「倒惑」。倒惑所看到的假象，實質上是一種心理活動，或者說是一種潛意識。婢女為什麼會見到影子以為是自己呢？因為在她潛意識中，就是希望自己長得漂亮而擺脫粗重的勞動。她上當了，她是上了自己眼睛的當嗎？不是！她是上了自己求美之心，怕苦之心的當。

··道破禪機··

別因表像誤會了愛

倒惑有很多種，有的人錯把自己當別人，有的人錯把別人當自己，有的人把愛看成是恨，也有人把恨看作是愛，有人把勇敢看成是懦弱，也有人把懦弱看作是勇敢……但無論是哪一種，你所看到的都不是真象，而是你

心中主觀臆造的假象。

它基於你的潛意識，你的習慣性思維，它有時候會做好事，但有時也會誤會他人，耽誤你的幸福。

有一對情侶，男的非常懦弱，做什麼事情之前都讓女友先試。女友對此十分不滿。

一次，兩人出海，返航時，颶風將小艇摧毀，幸虧女友抓住了一塊木板才保住了兩人的性命。

女友問男友：「你怕嗎？」男友從懷中掏出一把水果刀，說：「怕，但有鯊魚來，我就用這個對付它。」女友只是搖頭苦笑。

不久，一艘貨輪發現了他們，正當他們欣喜若狂時，一群鯊魚出現了。

女友大叫：「我們一起用力游，會沒事的！」男友卻突然用力將女友推進海裡，獨自扒著木板朝貨輪游去，並喊道：「這次我先試！」女友驚呆了，望著男友的背影，感到非常絕望。鯊魚正在靠近，可是對女友不感興趣而徑直向男友游去，男友被鯊魚兇猛地撕咬著，他發瘋似地衝女友喊道：「我愛你！」

女友獲救了，甲板上的人都在默哀，船長坐到女友身邊說：「小姐，他是我見過最勇敢的人。讓我們為他祈禱吧！」

「不，他是個膽小鬼。」女友冷冷地說。

「您怎麼這樣說呢？剛才我一直用望遠鏡觀察你們，我清楚地看到他把你推開後用刀子割破了自己的手腕。鯊魚對血腥味很敏感，如果他不這樣做來爭取時間，恐怕你永遠不會出現在這艘船上……」

　　這個女友骨子裡覺得男友太懦弱了，才會覺得他只顧自己逃跑，但事實告訴她：她的男友為了保護她，非常勇敢。這也是一種倒惑，它幾乎蒙蔽了男友對女友最勇敢的愛。

　　還有一對戀人，男孩和女孩認識已經五年了，他們的感情一直都很好。可是一次因為一些誤會，男孩走了，男孩說：「我累了，你太重視事業，重視錢了。」女孩說：「好吧，我不要你傷心。」

　　就這樣，女孩以為男孩不再喜歡自己了，女孩很傷心。為了忘記男孩，女孩在父母的安排下相親，終於，女孩發現，新男友對她很親切，好像男孩對她一樣，給她做飯，洗衣服，遷就她……於是，女孩終於喜歡上新男友了。

　　一年後，偶爾的一次機會，男孩說：「女孩，我在等你，你好嗎？」女孩驚訝，淚水流了下來，「我們不可能在一起了，我們已經分手了。我要結婚了，我已經有了另外一段感情。」男孩很吃驚，心想怎麼我會遇到這樣的事，於是反覆地問女孩為什麼。

　　其實，誰都會有昏迷倒惑的時候，為了不被表像誤會了愛，我們能做的就是不要太早下結論，把一切交給時間。時間會幫助你，把所有發生的事的真相重新呈現出來，讓你看清這愛、這生活。

禪林清音

　　有些愛看似殘酷，其實很溫柔、很真摯。

第五篇　和衷真愛　清淨自心

1. 鬱鬱寡歡的女施主

有一位女施主，家境非常富裕，不論其財富地位、能力、權力還是漂亮的外表，都沒有人能夠比得上，但她卻鬱鬱寡歡，連個談心的知己也沒有。於是她就去請教禪師，如何才能具有魅力，以贏得別人的歡喜。

禪師告訴她：「你能隨時隨地和各種人合作，並具有和佛一樣的慈悲胸懷，講些禪話，聽些禪音，做些禪事，用些禪心，那你就能成為有魅力的人。」

女施主聽後，問道：「禪話怎麼講呢？」

禪師道：「禪話，就是說歡喜的話，說真實的話，說謙虛的話，說利人的話。」

女施主又問道：「禪音怎麼聽呢？」

禪師道：「禪音就是化一切音聲為微妙的音聲，把辱罵的音聲轉為慈悲的音聲，把譭謗的聲音轉為幫助的音聲，哭聲鬧聲，粗聲醜聲，你都能不介意，那就是禪音了。」

女施主再問道：「禪事怎麼做呢？」

禪師：「禪事就是佈施的事，慈善的事，服務的事，合乎禮法的事。」

女施主更進一步問道：「禪心是什麼心呢？」

禪師道：「禪心就是你我一樣的心，聖凡一致的心，包容一切的心，普濟一切的心。」

女施主聽後，一改從前的驕氣，在人前不再炫耀自己的財富，不再自恃自己的美貌，對人總謙恭有禮，對眷屬尤能體恤關懷，不久就被誇為「最具魅力的女人」。

·道破禪機·

讓自己更有魅力

每個人都希望自己更有魅力，對於女性而言，猶是如此。有的女性可能認為有魅力就是能夠吸引男人的眼球，只需努力賺錢包裝自己即可。其實不然，上面的女施主可謂硬體一流，還不是一樣鬱鬱寡歡嗎？

所以，要讓自己有魅力，更多地還是要在內在美方面下功夫。究其方法無非是講禪話、聽禪音、做禪事、用禪心罷了。若將這四個方面做一個梳理，你會發現只有當一個人在說話、聽話、辦事時擁有一顆禪心，才能做到講禪話、聽禪音、做禪事。因此，努力修養一顆禪心，才是讓自己更有魅力的不二法門。

提起「禪心」二字，有些人可能會覺得深奧難懂，而實際上禪心也就是人們常說的平常心。若一個女性，在說話、辦事時持一顆平常心，自信而不自傲或自卑；果斷而不猶豫或武斷；寬容而不自私或計較……如此一來，即便她相貌平平，人們也會感覺到她很有魅力。

曾有一個很有名的女主持人，因為自身條件很優越而

自傲，很少把身邊的男人放在眼裡。人過35歲，仍然沒有自己的伴侶。在一次次一個人穿梭於鬧市之後，她才發現自己太孤獨。無奈之下，她只有背負著孤獨繼續工作，人越發變得憔悴，節目收視率逐漸下降，追求者也變得越來越少了。

終於有一天，她有些耐不住寂寞，同意和一個男人去喝咖啡。

席間，女主持人曖昧地和那個男人調起情來。

誰料，那個男人直言相告：「我約你，不是為了某種私利及肉慾，而是看你太孤獨。」

女主持人聽後，內心轟然倒塌，一股心酸痛楚襲上心頭，不禁落淚了。

男人又說：「做人不要總是端著，其實人跟人沒有並那麼遠的距離。」

女主持人一邊點著頭，一邊說：「我知道，我知道，以前我太虛偽了，總是自欺欺人。」

男人最後告訴她：「如果想通了，我們可以結婚，我相信婚姻能讓你找回自我，讓你重拾魅力。」

半個月後，女主持人嫁給了那個男人。

婚後，女主持人原本孤傲的心逐漸被幸福融化，舉手投足間表露出一種成熟的知性美，一反過去的矯揉造作，每天臉上都是神采奕奕，帶給人一種真實的愉悅感。就這樣，她的節目又重新火了起來。

女主持人的外在條件並沒有什麼多少變化，但婚前的她卻遠不如婚後的她有魅力。探其原因，更多是因為幸福感取代了孤獨感，讓她由起初的矯揉造作變成後來的真情

流露，她的魅力也就與日俱增。

因此，讓自己更有魅力，需要你擁有一顆平常心、禪心，凡事遵從於內心的感受，捨棄不必要的執著與牽絆，緩解心理壓力。一句話：把心放鬆，魅力陡升。

··禪林清音··

流水下山非有意，片雲歸洞本無心；人生若得如雲水，鐵樹開花遍界春。

2. 和尚與尼姑

從前有座山，山上的古寺叫上方寺，寺內住的都是和尚；山下的古寺叫下方寺，寺裡住的都是尼姑。

在教規森嚴的佛門裡，男女談情說愛是不允許的。為了隔斷僧、尼間的往來，兩個廟的長老讓人在兩寺之間修築一道高牆，所以這兩寺是誦經之聲相聞，卻老死不相往來。但是，一段石牆怎能隔斷男女之間真摯的愛情呢？上方寺位於山頂，滴水貴如油，僧衣僧帽根本無法洗刷；下方寺都是尼姑，砍柴伐樹也需要年輕力壯的人。這樣，兩寺就相互換工。

為了不讓這僧人尼姑見面，又能取衣送柴，兩寺長老在半山腰開了一塊巨石，名為「擱衣庵」。

和尚送來乾柴，取走乾衣。送衣和取柴都有規定時間，決不許僧、尼碰面。

誰知，事情並不像老和尚、老尼姑想像的那麼簡單。一天，送衣服的小尼姑妙貞碰巧遇上了送柴來的小和尚宏

安。他們兩人都是貧窮人家的孩子，而且是一個村子的人。小和尚宏安從小父母雙亡，是靠著叔父供養長大的，前兩年叔父又一病不起，在沒有辦法的情況下，才到上方寺受戒出家。小尼姑妙貞，緊挨著宏安的家住，是父母膝下僅有的一個女兒，家境雖然不錯，只因她從小有病，父母為了她長壽，才讓她到下方寺落髮為尼。

他們倆從小就在一起玩耍，想不到幾年後兩人在深山古寺相遇了，真是悲喜交集。

宏安看看妙貞，比小時候出落得越發漂亮了，青衣青帽掩蓋不住青春的秀美。妙貞看看宏安，幾年不見完全成了一個英俊的小夥子。二人在擱衣後沒敢過多細談，約好了第二天送衣送柴時再見。

自那以後，他們兩人故意記錯了送衣送柴的時間，誰要是沒來，等上半天也要等，用這個方法偷偷地在擱衣庵相會。宏安每天來時都要給妙貞帶來幾個山上的大蘋果，裝上兩袋山裡紅；而妙貞也給宏安帶來燈下縫製的布襪、汗巾。

俗話說，世上沒有不透風的牆。宏安和妙貞相愛的事，被一個砍柴的樵哥看見了，立刻傳遍了山上山下。這下上方寺的主持僧和下方寺的老尼姑可受不住了，因為這兩個寺的開銷全靠附近鄉紳富戶施捨金銀，一旦傳出有損佛門法規的醜事，等於奪了他們的飯碗，所以在四月初八這一天，他們召來了四十八村的鄉紳、老財。

在會上，老和尚和老尼姑都賭咒發誓說：「絕無此事。」為了消除鄉紳們的懷疑，還揚言假如真有傷風敗俗的事情發生，上方寺寧願讓水淹了，下方寺願意讓火燒

了。他們這樣說，一是迫於形勢，二是想上方寺位於山頂，根本不可能遭水淹，下方寺位於山下臨近山泉，根本不可能被火燒掉。

這一年六月的一天，早晨天空中還沒一絲雲彩，天藍得像綢緞，不料正午剛過，一聲悶雷帶來了傾盆大雨，一會兒工夫，山洪就把上方寺沖走了。這倒不是為了應驗老和尚的誓言，而是因為山洪奪路，來勢過急。而下方寺的一棵古松，可巧被劈雷擊中起火，這火蔓延到了整個廟宇，燒了個片瓦無存。

從此，上方寺和下方寺就只剩下一堆斷壁殘垣。那相愛著的宏安和妙貞，傳說事後他們離開了佛門，回到故鄉結了婚，成了家。每當人們說起上方寺和下方寺的故事，他們倆都含笑不語。

·道破禪機·

衝破愛的柵欄

如果說舊時的人們對於婚姻往往沒有自由選擇的權利，那麼故事裡的和尚和尼姑更沒有選擇的權利。但他倆卻敢於衝破重重阻擋，離開佛門，成了家。這是一種何等的魄力和勇氣，又是怎樣一種回味無窮的幸福。

只是，對於許多性格懦弱、保守的人來說，衝破愛的柵欄非常難，如同是赤手推倒一座城牆一般。他們太習慣於向反對勢力妥協，太容易因他人意見而喪失自我。但是即便一個人能夠忍受割捨之痛後，無窮的後悔還將會纏繞其內心一生。所以說，與其痛苦一生，不如快意人生來得

痛快。

不要再抱怨什麼「父母的反對，為了讓父母能夠接受」以及其他因素的困擾，更不要說什麼「與其相濡以沫，不如相忘於江湖」也是一種浪漫。倘若你真的愛一個人，就應當努力衝破愛的柵欄，這不僅是對你自己的幸福負責，也是為你愛的人負責。只有這樣你們的人生才會相對圓滿，回憶起來才不會遺憾和後悔。

有對年輕的戀人，他們讀師範大學時就相愛了，後來進了同一所中學當老師。幾年的戀情積累，女孩很愛那個男孩，男孩也很愛她。

到了談婚論嫁的年齡，女孩帶男孩去見父母，卻遭到了父母的冷遇。她的父母嫌男孩家窮，希望自己女兒嫁一個家境好點的人家，下半輩子的幸福就有著落了。女孩是個從小就很聽從父母話的人，在她聽來，父母的話也不無道理。

她猶豫再三，終於和男孩提出了分手。在彼此都還傷心的日子裡，她出嫁了，嫁給了一個父母很滿意的男人。新婚的日子裡，對於丈夫的關心，她只感覺有些不適應，並沒有真心的快樂和喜悅。她每天都在安慰自己：這樣也是一輩子，沒什麼不好的。但每個無眠的夜裡，她都會偷偷想起那個正傷心欲絕的男孩，讓她非常痛苦，覺得自己簡直不可原諒。

漸漸地，丈夫不再把她當新婚妻子那樣疼愛了，而是完全把她當成一個主婦來相處。她的生活裡不再有真正的關愛，她的內心失落感越來越重。平日裡，她除了上課，就一個人躲在電腦前看電影，看那些曾經看過的老片。

有一天，她在一部影片看到，一個白髮蒼蒼的老人獨自坐在一棵楓樹下，滄桑的臉上寫滿了落寞與悔恨。她彷彿在追憶許多年前的往事，追憶她那曾經放手的愛情，慢慢地，一陣風起，她潸然淚下。剎那間，無邊的悔恨將她包圍……最後，嘴裡吐出一句話：「既然都是一輩子，為什麼當初我沒有選擇把他留住？」說完已淚流滿面。影片結束了，她坐在椅子上久久沒有動彈。

　　大約過了半小時，她猛地站起身來，向學校走去。她大膽地來到那個已經半年不敢進來的辦公室，那裡有她最愛的人。敲了敲門，沒人應答。她就闖了進去，發現男孩的書桌上還壓著那片她送給他的楓葉。那一瞬間，她徹底後悔了。

　　那天，她在他的桌子上留下一張紙條：「如果我想回來，你還能像保存楓葉那樣保存著對我的愛嗎？」

　　第二天，儘管她還沒收到男孩的回話，但她已經告知了父母，她要離婚，她受不了現在的生活，冰冷得像個冰窖，她一點也不愛自己的丈夫，丈夫對自己也沒有愛。母親在電話裡非常著急，但沒等勸上幾句，她已經掛了電話。她收拾好東西，對丈夫說：「我們離婚吧，你不愛我，我也不愛你，這樣的日子過著沒有意義。」

　　她的丈夫是一個習慣了掌握主動權的人，見她這麼直白地說出來，也沒啥好說的，當即同意了。半小時後，他們去辦理了離婚手續。

　　最後，丈夫丟下一句話：「離婚了，我再娶一個年輕的，看你怎麼嫁？」說完，就揚長而去了。

　　離婚那晚，她沒有回父母家，更沒有回新婚的家，而

是一個人在旅館裡過夜。那夜的雨下得特別特別大，她對自己說：即使男孩不再接受自己，也沒什麼可抱怨的，畢竟是自己一手造成的。

第二天，她來到學校的辦公室裡，發現自己的桌子上擺著一束鮮花，鮮花的底部纏著一張彩紙，上面印著一句話：「愛情屬於勇敢的人，歡迎你回來！」

這個曾經選擇了「相忘於江湖」的女孩，還是忍受不了內心的煎熬，鼓足勇氣突破了比婚前更大的障礙，最終選擇了離婚，回到了心愛的人身邊。頓悟，使她變得更加自信、勇敢、幸運、幸福。

現實中的我們，每個人都有選擇自己幸福的權利，應當珍惜這些權利。有時你會遇到的那些「柵欄」看似很牢固，其實也不過是紙糊的，就看你有沒有捅破它的勇氣。

禪林清音

真正的牢籠，其實在你的心中。

3. 石頭與佛

石頭問：「我究竟該找個我最愛的人做我的妻子呢？還是該找個最愛我的人做我的妻子呢？」

佛笑了笑：「這個問題的答案其實就在你自己的心底。這些年來，能讓你愛得死去活來，能讓你感覺得到生活充實，能讓你挺起胸不斷往前走，是你愛的人呢？還是愛你的人呢？」

石頭也笑了：「可是朋友們都勸我找個愛我的女孩做

我的妻子。」

佛說：「真要是那樣的話，你的一生就將從此註定碌碌無為！你是習慣在追逐愛情的過程中不斷去完善自己的。你不再去追逐一個自己愛的人，你自我完善的腳步也就停滯下來了。」

石頭搶過了佛的話：「那我要是追到了我愛的人呢？會不會就……」

佛說：「因為她是你最愛的人，讓她活得幸福和快樂被你視作是一生中最大的幸福，所以，你還會為了她生活得更加幸福和快樂而不斷努力。幸福和快樂是沒有極限的，所以你的努力也將沒有極限，絕不會停止。」

石頭說：「那我活得豈不是很辛苦？」

佛說：「這麼多年了，你覺得自己辛苦嗎？」

石頭搖了搖頭，又笑了。

·道破禪機·

為愛而奮鬥才不後悔

有道選擇題：「選擇一個你最愛的人，還是選擇一個最愛你的人？」一直眾說紛紜，莫衷一是。其實在禪看來，不同的選擇便有不同的人生。不管是哪一種人生，只要不後悔就是正確的選擇。

石頭的選擇代表著一類人，這類人為愛付出一生，不辭辛苦，以對方幸福為己任，為對方的快樂而快樂，為對方的憂傷而憂傷，但不管別人覺得他多麼傻、多麼累，這種人到年老的時候，一定不會後悔。

　　記得有個寓言是這麼講的：有個小王子生活在一個小小的星球，有一天星球上忽然綻放了一朵嬌豔的玫瑰花。以前，這個星球上只有一些無名的小花，小王子從來沒有見過這麼美麗的花，他愛上了這朵玫瑰，細心地呵護她。

　　那一段日子，他以為這是人世間唯一的一朵花，只有他的星球上才有，其他的地方都不存在。

　　然而，等他來到地球上，發現僅僅一個花園裡就有5000朵完全一樣的這種花。這時，他才知道，他有的只是一朵普通的花。

　　一開始，這個發現讓小王子非常傷心。但最後，小王子明白，儘管世界上有無數朵玫瑰花，但他的星球上那朵，仍然是獨一無二的，因為那朵玫瑰花，他澆灌過，給她罩過花罩，用屏風保護過，除過她身上的毛蟲，還傾聽過她的怨艾和自詡，聆聽過她的沉默……一句話，他馴服了她，她也馴服了他，她是他獨一無二的玫瑰。

　　「正因為你為你的玫瑰花費了時間，這才使你的玫瑰變得如此重要。」一隻被小王子馴服的狐狸對他說。

　　是啊！「正因為你為你的玫瑰花費了時間，這才使你的玫瑰變得如此重要」。

　　當你的一生為了你愛的人而辛勞時，她（他）才會變得重要，這種重要才能讓你變得充實、勇敢，讓你的未來更有方向感。如果沒有這朵對你而言「獨一無二的玫瑰」，你的人生又將何去何從呢？

∴禪林清音∴

　　最愛的人，是你今生獨一無二的玫瑰。

4. 禪師和女人同居

　　韓國的鏡虛禪師，有一天晚上，帶一個女人回到房間後，就關起房門，在房間裡同居同食。徒弟生怕別人知道這件事，就把守在門外，遇到有人找禪師時，就說禪師正在休息。

　　但徒弟心想這樣下去也不是辦法，就鼓起勇氣去找師父，進了門，看到一個長髮披肩的女人躺在床上，身段苗條，有細白的背，還看見師父在她身上很自然的摸著。

　　徒弟一見，非常衝動，再也無法忍耐，大聲責問師傅：「師傅啊，您這樣做還能算是大師風範嗎？您對得起大眾嗎？」

　　鏡虛禪師一點也不動氣，輕聲地說：「我怎麼了呢？」

　　弟子指著床上的女人，以斥責的語氣說：「你看！」

　　師傅卻平和的對徒弟說：「你看！」

　　因為師徒的對話，床上的女人轉過了身來，徒弟看見一張看不到鼻子、眉毛、連嘴角也爛掉的臉，原來是一個患了麻瘋病的女人正苦笑著望著自己。

　　這時，師傅把手上的藥往徒弟面前一遞，泰然地說：「那麼你來吧！」

　　徒弟跪了下來，說：「師父！你能看的，我們不能看；你能做的，我們不能做！弟子癡愚啊。」

‧‧道破禪機‧‧

不要輕易懷疑你的另一半

盧梭曾說過：「猜疑和嫉妒之心，是破壞夫妻關係的腐蝕劑，它會給家庭生活帶來不幸。」許多猜疑的產生無非源自聽說和所見，但是平常人們所說的：「耳聽為虛，眼見為實。」其實也未必正確，對世間上的人和事的評判，對於是非好壞，並沒有絕對的標準。知其一而不知其二，像徒弟誤會了禪師一樣，沒有深入的瞭解，沒有豁達的胸懷，沒有慈悲的心，就是一種短見，一種愚癡。

記得有一篇故事，也闡述了這個道理。

從前，有一位長者，膝下有一子。到了成年，他為兒子辦了婚事。這對年輕夫婦新婚燕爾，感情如膠似漆。

一天，丈夫對妻子說：「你到廚房給我倒一杯酒來，我要在這兒喝一頓。」

妻子趕緊到廚房，打開酒缸。不料，裡面竟現出一位美人。妻子不知這是自身的影子，醋意大發，回來大罵丈夫：「你做的好事，把個漂亮姑娘藏在酒缸裡，想瞞天過海，到底有什麼企圖？」

丈夫吃了一驚，非常納悶，親自掀開酒缸一看，竟也發現一個美男子。這時候，丈夫大發醋勁，反而把妻子痛責一頓：「你暗藏漢子，還敢誣賴我！」

這對感情一向融洽的年輕夫婦，頃刻間反目為仇，互揭瘡疤，你一言我一語，責罵不休。

一位跟他們關係很好的婆羅門聽到吵架聲，過來詢問

他們原因。聽了夫妻二人互相指責的話語，為了查明事實的真相，婆羅門親自去查看酒缸，不料，缸裡沒有美女俊男，反而現出一位很體面的婆羅門。他以為這個婆羅門與主人的關係比自己與他們更為密切，主人為了遠離自己，才製造了夫妻吵架的假象，讓他知難而退。他胡思亂想地瞎猜一陣，竟一言不發地走了回去。

　　一會兒，一位比丘尼來了。她為了勸架，也到酒缸前查看，發現裡面已有一位尼師，也怒氣衝衝地走開了。

　　後來，一位行者走訪到此，他看穿缸裡全是影子，什麼人也不存在。於是，把新婚夫婦拉到酒缸旁邊說：

　　「我把缸裡的人拉出來給你們瞧瞧。」

　　只見他用一顆大石頭，重擊酒缸。酒水隨著缸的破裂而灑了一地，裡面再也沒有什麼人。新婚夫婦始知事情的真相，慚愧之餘，和好如初。

　　這對新婚夫婦，居然為了水缸裡的倒影而爭吵不休。一般看來，這似乎是一個愚蠢夫婦的笑話。然而在平常的生活中，難道這樣的懷疑不是經常上演嗎？

　　在這個流言蜚語充斥的今天，為了更好地守住愛情，守護那份心底的幸福，希望每個人都不要被流言所擊中，在沒有看到事實之前，萬不可杯弓蛇影，輕易地懷疑你的另一半，否則會令你痛失至愛。

·禪林清音·

　　撥草占風辨正邪，先須拈去眼中沙。雲中縱有金毛現，正眼觀時非吉祥。

5. 阿育王與宮女

阿育王是佛教著名的護法王，在位期間極力支援輔佐佛教，甚至經常在王宮中舉辦法會，請著名僧侶講經說法。

但是，他卻制定了一條規矩，不許後宮妃子公開進入講堂，只允許她們在庭幔之後聽法。其原因極為簡單：阿育王還是有些信不過佛教僧侶，怕他們把自己的美人勾引跑了。

有一次，阿育王請眾位比丘入宮吃飯，對其中的一位產生了戒心。

那位比丘名叫優波羅，年紀很輕，相貌也不凡，口中自然放出一種蓮花香氣。

當阿育王為眾比丘佈置飲食來到優波羅跟前時，聞到優波羅口中放出的蓮花香味，立即懷疑他圖謀不軌，想要勾引自己的宮妃，便命令他前去漱口。但漱口之後，香氣反而更濃了。

阿育王問其所以，優波羅回答說是自己前世積善修行的結果。阿育王立即對之表示了敬意，但防範之心也因此更重了，將原來的規定又向宮中嬪妃重新申明了一次。

事過不久，阿育王請一位有名的比丘入宮說法，這次法會是專門為宮中的女性們設立的。

講堂上，一道布簾橫掛中間，法師在一邊講法，一群宮女在另一邊聆聽。

這樣的說法是非常可笑的，講法的人不知道效果如何，對方是否愛聽，聽講的人也經常是被講得雲裡霧裡，

不明所以。

那天，法師講的是佈施問題、守戒問題以及得報升天的問題。

另一邊的宮女中有一位總是聽不明白，認為對方沒講到點子上，心裡一急便從布簾後走出，來到法師面前問：「佛陀當年在菩提樹下覺悟成道，所悟出的難道只有佈施與持戒，沒有其他東西嗎？」

法師回答說：「他還認識到了四聖諦，認為世間萬物本性都是苦的，苦來源於業，修八正道可以滅除苦業，獲得解脫。」簡單的幾句話立即使這位宮女明白了佛教的大道理，因而獲得了須陀洹果。

這卻違犯了阿育王的禁令，勢必受到重責。

那位宮女知道阿育王法令的嚴格，便把一柄利劍放在脖子上，來到阿育王面前請罪說：「大王，我犯了大罪，違犯了您的法令，希望您依法治我的罪。」

阿育王急忙問道：「你犯了什麼罪？」

宮女回答：「我今天在宮中聽法師說法，破禁走到那位比丘跟前。就像牛渴了會冒死飲水一樣，我渴於佛法，也顧不得大王您的禁令了。」

阿育王聽明白後又問道：「那麼你今天的收穫如何呢？」

宮女回答：「總算明白了佛教的道理，認識了佛法真理。」

阿育王聽後不但沒有懲罰宮女，反而非常高興，他為自己宮中有這樣聰明智慧的女性感到驕傲，便重新頒佈法令，允許宮女們隨意聽法了。

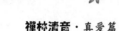

‥道破禪機‥

讓愛自由行走

　　身為護法的阿育王起初都擺脫不掉人性的弱點，對妃子的獨佔慾極強，對僧侶的戒備重重。然而實踐出真知，一個大膽的宮女讓阿育王認識到，給宮女們一點自由空間，不僅不會發生他所擔心的事，反而更有利於宮女們悟道。

　　這個故事有很好的教育意義，它在揭示了愛的獨佔性的同時，還啟發了人們，有時候給丈夫（妻子）一點空間，讓愛自由行走，不但沒有招來隱患，反而能贏得彼此的寬容和尊重，使得感情越發得牢固。

　　曾經有這樣一個故事，就道出了讓愛自由行走的好處。

　　有一個隊長，在森林裡迷路的三天，筋疲力盡，最後昏倒在地上。醒來後，他發現自己躺在一間小木屋裡。他左顧右盼，看到一位醜陋的巫婆走進門來，隊長很感激地說：「是你救了我嗎？非常感謝你。」

　　巫婆用沙啞的聲音說：「年輕人，你必須娶我，以報答我對你的恩情。」隊長一臉鐵青，但因巫婆有恩於他，所以這條命本來就該屬於她。

　　結婚當天，巫婆在喜宴上吃相難看，還不時發出難聽的怪聲，不知有多少人私下竊笑，可是，為了報答救命之恩，隊長只好忍受這樣的窘境。

　　晚上，兩人進到房間，巫婆脫下禮服，施展了一點兒

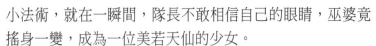

小法術，就在一瞬間，隊長不敢相信自己的眼睛，巫婆竟搖身一變，成為一位美若天仙的少女。

她向隊長說：「因為你容忍我在喜宴中的放肆行為，我決定每天有12小時變成少女，你可以決定是白天或是晚上，一旦決定以後就不能改變。」

隊長陷入兩難的僵局，如果選擇白天帶少女出門，可以讓旁人羨慕，但晚上卻必須和醜陋的巫婆共枕。如果選擇晚上，白天就得忍受眾人對他的指指點點，但卻可以與少女共度春宵。這兩種選擇都不是最好的。於是隊長歎息說：「我不知道該怎麼決定，這樣吧！你自己決定要扮演什麼角色，我不干涉你的生活。」

巫婆聽了很開心，溫和地說：「謝謝你對我的包容，我的決定是，每天二十四小時都變成少女，終身與你相守在一起。」

隊長一次次地包容和尊重，不僅沒讓他失望，結果反而越來越讓他感到愉快。生活中也是如此，與其將對方看管得太緊，讓對方感到約束、甚至窒息，反不如多一些包容，給彼此一點空間，讓愛自由行走，使對方在感受自由的同時，對你越來越依戀。

·禪林清音·

愛情如手裡的沙子，你攥得越緊反而流失得越快。

6. 工匠與藝妓

日本的江戶時代，社會上盛行藝妓。這種藝妓都是經

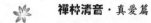

過精挑細選的聰明美麗的女子，從小經過嚴格的訓練。她們精通琴棋書畫，知情識趣，專門從事與達官貴族的上層交際活動，在社會上擁有崇高的地位。她們中最優秀的被稱為「大夫」，只有王侯將相才能與之交往。

當時江戶最有名的是一位高尾大夫。她具有極大的權威，平時只接待那些諸侯或者富商，每次接待都要價十五兩黃金。

有個名叫老久的染坊工匠，他很仰慕高尾大夫。但是以他的身份地位，根本不可能與她交往，怎麼辦呢？

後來他終於想出一個辦法。他花了三年時間省吃儉用，用自己的血汗賺了十五兩黃金，然後就謊稱自己是從大阪來的一個富商，要求與高尾大夫交往。

結果他的目的真的達到了，老久終於跟他朝思暮想的高尾大夫相會了。

臨別的時候，高尾大夫對他說：「請再光臨。」

一般大家都會回答說「我會再來」之類的話，但老久老老實實地回答說：「我得等三年之後才能再來一次……」

高尾大夫大吃一驚，再三追問之下，才得知這個小夥子為了見她一面，竟然埋頭苦幹了三年，不由得非常感動。

「等我滿了期限恢復自由的時候，我就嫁給你。為了表示守信，我把積攢的三百兩黃金交給你代為保管。」

後來高尾大夫順利滿工，就嫁給了老久。夫妻兩人同心協力，創立了全江戶第一的染坊。

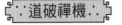

承諾未來之愛

　　工匠與藝妓原本只是最無緣的兩類人，然而老久的真誠付出卻讓高尾深深感動，並與她相約未來，最後兩人結為伉儷，幸福一生。這就是承諾的意義。只不過承諾這一人類最高的道德，在現世漸漸變得有些蒼白，越來越多的癡男怨女開始對承諾感到絕望罷了。

　　那些說「愛情是狗娘，山盟海誓只是癡人夢語」的人，不管他怎樣質疑那些「承諾未來之愛」，它的本質依舊未變。就算有再多因執著於愛的承諾而受傷的人，也不能掩埋承諾的價值和意義。因為，承諾對於合適的人而言，它依然閃爍著耀眼的光芒。

　　記得在第二次世界大戰的時候，一個年輕的日本男孩被迫從軍而與她的未婚妻分手。

　　在分手前，他們每次約會總約在某棵樹下見面，那男孩因為工作關係，每回總是遲到。每次他遲到的第一句話，都是靦腆地說：「對不起，讓你久等了。」但那女孩總是笑著對他說：「還好，我也沒有等很久。」

　　那男孩起先以為是真的，後來有一次他準時到，卻故意在一旁等到了一個小時才過去，沒想到，那女孩一樣露出微笑說著同樣的話。他這才知道，不管他遲到多久，她總是為了不讓他尷尬而體貼地騙他。後來，他在被派去從軍前，為了怕一去不知幾年，或回來人事已非，便與她約好，回來彼此如果找不到對方，就記得到這棵樹下等。

　　時光荏苒，二十年過去了，那男孩兒都沒有回來，因為流落到韓國，曾被炸藥擊中的他，因昏迷而失去記憶力，直到二十年後，他才無意中恢復記憶，無奈……他已經在韓國娶妻，而他也相信他的未婚妻應該以為他死了。

　　又過了五年，他的韓國妻子去世。他帶著一顆忐忑的心回到了日本。

　　他想起這段刻骨銘心的舊情，帶著緬懷的情緒，在下飛機的第一天，他就直接驅車前往那棵舊時的大樹下。計程車飛馳駛到，他在距離2公尺左右的地方下車了。但第一眼映入眼簾的卻是繁華喧嚷的商業街，還沒完全走近，他就心碎了，哪裡來的大樹呢？

　　他唯一的記憶也被分割了。

　　他站在原地發了一陣呆。

　　正想該走了吧！又忽然看到不遠處有個攤販，於是想，買包煙抽抽也好。他走上前，向那位攤販緩緩地望去，兩人目光交會的一刹那，他看清楚那個擺攤的歐巴桑竟是他昔日的未婚妻。

　　他滿滿的熱淚頓時無法抑止，只有幾秒鐘他就可以整理出答案，她一定是為了怕他回來找不到他，又不知他會什麼時候回來，於是決定在這個地方擺攤子等他。

　　他不知該說些什麼才好，他只好依舊輕輕地對她說了句：「對不起，讓你久等了。」

　　沒想到她照樣還是給他一個微笑：「還好，我也沒有等很久。」她溫柔地回答他。

　　這對從年輕到白髮蒼蒼的戀人，從他們的相愛、相約到承諾的兌現，雖然歷經坎坷、變數，但無不體現了承諾

未來之愛的價值。

如若一個人對於承諾的愛報以懷疑態度時，就該調整自己了。若是因為曾經受傷而不敢再信，那大可不必，對愛情而言，面對不同的人時會有不同的結果；如果只是聽說他人受傷而擔憂，則有失偏頗，畢竟愛情是自己的，別人的遭遇永遠與你不同，只有大膽去體驗，用真心面對才會有好的結果。

愛的一生，必是承諾的一生，沒有承諾就沒有堅守，沒有堅守就不會有白頭偕老。放眼看看周圍那牽手一生的老人們，那是怎樣的安泰與幸福！

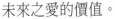

明知會失去自由，明知這是一生一世的合約，為了得到對方，為了令對方快樂，也甘願作出承諾。

7. 觀世音的愛情

一個虔誠的人問佛：「請告訴我同性可以相愛嗎？」

佛語：「為什麼不可以？」

那人問：「但世人不認為這樣啊。」

佛語：「世人？」

那人疑惑了：「是啊！怎麼了？」

「那是很多世人根本都不知道真愛罷。」佛答。

「真的嗎？」

佛語：「是啊，我給你說個事實吧。」

「好的。」

「曾經有一位向佛的王子，但他禁不住情慾的誘惑，放不下感情的包裹，因為有一個很愛很愛他的女孩。」佛說，「有一天，他來到我面前問我該怎麼做，我問他那個女子是不是真的很愛他，他說是的，很愛很愛，不管發生什麼事都一樣愛。」

　　「然後呢？」那人問。

　　「然後？沒有然後了。」佛歎了一口氣。

　　「為什麼？為什麼沒有然後？」那人不信。

　　「然後，王子就徹底皈依釋門了啊。」佛看著他。

　　「為什麼？我不明白，不是有個很愛他的女孩嗎？」那人說道。

　　「愛？真的愛嗎？那不是真愛啊，有多少世人懂得真愛啊？」佛語。

　　「為什麼？」

　　「我告訴他，有一個方法可以證明女子對他的愛有多深，他去做了，結果他很失望。」佛語。

　　「怎麼做的？」那人不解。

　　「用我的法力將他變成了一個女子。然後，愛他的女子見他已不再是以前那個英俊的王子，便含淚離開了他，而這個王子，也從此大徹大悟，因為她愛的是他的人，而不是他的心。」佛語。

　　「我懂了。」那人說。

　　「所以，真正的愛是不管對方是什麼人都去愛的才叫真愛。」佛語，「只要有真愛，又有什麼是不可以的呢？地位，年齡，乃至性別，都不是重要的啊，重要的是真愛，愛他的人，更要愛他的心啊。」

「你剛才說的王子是誰啊？」那人好奇問道。

「誰？」佛微微一笑，「現在世人都稱他為『觀世音』。」

·道破禪機·

真愛還需時間來檢驗

真正的愛，是一種從內心流淌出來的情感，它有時似涓涓細流，有時似波濤洶湧。它能穿越一切界限，直逼對方的心靈；相反的，只有當一個人並不是真正愛一個人時，才會計較他的地位、年齡以及其他。

然而去判斷一個人的愛是否真誠、長久，卻很難很難。畢竟它在強顏歡笑的矯飾下，容易變得模糊不清。這時，就需要一種檢驗真愛與否的利器，記得有個故事是這麼啟示人類的。

遙遠的海上有一個小島，上面住著快樂、悲哀、知識和愛，還有其他各類情感。

有一天，情感們得知小島快要沉沒了，於是，大家都準備船隻要離開小島。只有愛留了下來，她想要堅持到最後一刻。

過了幾天，小島真的要下沉了，愛想請人幫忙。

這時，富裕乘著一艘大船經過。

愛說：「富裕，你能帶我走嗎？」

富裕答道：「不，我的船上有許多金銀財寶，沒有你的位置。」

愛看見虛榮在一艘華麗的小船上，說：「虛榮，幫幫

185

我吧！」

「我幫不了你，你全身都濕透了，會弄壞了我這漂亮的小船。」

悲哀過來了，愛向她求助：「悲哀，讓我跟你走吧！」

「哦……愛，我實在太悲哀了，想自己一個人待一會兒！」悲哀答道。

快樂走過愛的身邊，但是她太快樂了，竟然沒有聽到愛在叫她！

突然，一個聲音傳來：「過來！愛，我帶你走。」

這是一位長者。愛大喜過望，竟忘了問他的名字。登上陸地以後，長者獨自走開了。愛對長者感恩不盡，問另一位長者知識：「幫我的那個人是誰？」

「他是時間。」知識老人答道。

「時間？」愛問道，「為什麼他要幫我？」

知識老人笑道：「因為只有時間才能明白愛有多麼偉大。」

是啊，只有時間才是檢驗真愛的最佳利器。因為時間能改變一切，觀世音不就是被改變後，才發現了那個女子的愛太容易動搖嗎？生活中，每個人的際遇也是變化莫測的，只有當時間改變了一切，還能繼續與你相濡以沫的人，才是真正愛你的人。

記得白髮蒼蒼的伏爾泰，回到了闊別五十多年的故鄉，整個巴黎都為他的歸來而興高采烈，每天來訪的不下百人。

幾天後，他去拜訪一個居住在貧民區的老婦人，她

是伏爾泰的初戀情人。六十年前，伏爾泰向她求婚遭到拒絕後，就再也沒有見過她。伏爾泰在一座簡陋的房屋裡找到她時，她的老態和處境使他大吃一驚，而她的第一句話是：「你怎麼這麼老了，我簡直認不出你了。」

第二天一清早，伏爾泰收到一封信，裡面沒有一個字，只是一張發黃了的伏爾泰年輕時的畫像，這是當年伏爾泰熱戀時送給她的紀念品。試想一下，是怎樣一種愛能讓老婦人保存那張照片六十年呢？

所以說，真愛還需用時間來檢驗。只有時間才能讓一個人辨別出真愛，看透自己的感情。能讓你知道誰是自己最愛的人，誰只是自己喜歡過的人。同樣的，當一個人深深體會過真愛的滋味後，才能敏銳地體會到誰是最愛自己的人，誰只不過是和自己逢場作戲、另有企圖。

·禪林清音·

真愛不是朝夕奔騰的江海，而是源遠流長的細流。

8. 她愛過別人

一日，一個青年倒在了路邊，佛陀和他的侍者正好化緣回來，把他救回寺裡。佛陀讓侍者餵了些食物給那個青年，又給他喝了些泉水，那個青年終於醒過來了。

佛陀問他：「為何一個人倒在路邊？有幾日沒吃東西了？」

那個青年回答：「我已經五日沒吃東西了，吃不下。」

佛陀又問：「那為何剛才吃下了？」青年低下頭不好
意思地說：「實在是太餓了！」接下來，青年給佛陀講起
了讓自己痛苦的事。

　　原來，這個青年愛上一個女子，並努力了一年，蓋
起了一座房子，準備迎娶那個女子。張羅了盛大的婚禮，
他終於如願以償了。可是，新婚之夜，那女子卻告訴他，
她曾經喜歡過一個書生，並委身於他。這消息對於青年而
言，如同晴天霹靂，他原以為娶到一個好妻子，誰知卻是
個被人拋棄過的女人。

　　就這樣，青年無法接受這個事，他從家裡走了出來，
準備走到哪就死到哪！

　　佛陀聽完，問他：「現在還想死嗎？我可以助你一臂
之力！」

　　青年聽後大驚，臉色大變，他問佛陀：「您不是能普
度眾生，解除人的痛苦嗎？為何讓我去死？」

　　佛陀笑道：「是你自己想死，早知就不把你救回來
了！」

　　青年自知慚愧，但又懇求佛陀擺渡他，讓他脫離苦海。

　　佛陀說：「放下即可！」

　　青年沮喪地說：「不瞞您說，我略知禪之一二，可是
仍然放不下！」

　　佛陀說：「那就不放下！」

　　青年聽後有些絕望。

　　佛陀見他還是不明白，便語重心長地告訴他：「你
說嫌棄她被拋棄過，我看不然，你若真嫌棄她，何必自己
尋死，另娶一個好了。你是因為愛她，才嫉妒她愛過別

人，可是你忘了，她肯嫁給你，說明你才是她的最後選擇啊！」

青年聽後恍然大悟，急忙跑回家去。

你才是愛人的最後選擇

愛情生活中，總有人像那個青年一樣，執著於過去發生的事，嫉妒他人比自己早一步得到了愛人的愛，卻不曾想過自己才是愛人的最後選擇。這是一種自我折磨的糊塗，更是不懂得珍惜姻緣的愚蠢。

就在凱莉·契斯荷姆的結婚一周年紀念日及25歲生日前夕，她發現自己並沒有如她想像的那麼瞭解丈夫。這一發現是由她的丈夫大衛每天早晨去淋浴時哼的小調產生的。大衛作為網球手，總能拿到高分，可是要作為一個歌手，只會扯著嗓子尖叫。

在他們婚後不久的日子裡，凱莉是那麼喜悅，以至於她確信自己欣賞那荒唐可笑的音調，並不介意大衛嘶啞的嗓音。

然而，隨著時間的流逝，這支歌開始讓她不安、煩亂。幹嗎老唱這個，不唱別的？

在她涮洗碗碟時，丈夫歌詞中的「瑪麗·安」仍纏繞著她。她知道有關大衛在高中時代的羅曼史，也瞭解他大學時的戀人。在他們相愛的日子裡，凱莉也曾對大衛提到過自己的一兩個舊情人，但誰也沒有成為她歌樂聲中不朽的小夥子。

　　婚後一年，她找到了和大衛的共同愛好。然而，她卻對瑪麗・安一無所知。瑪麗・安猶如一扇拒她而入的門。

　　幾天後的晚上，凱莉和大衛被西蒙和愛麗絲老兩口請去吃了晚飯。在他們手挽手散步回家的路上，凱莉對大衛說道：

　　「跟我談談她。」

　　「談誰？」

　　「瑪麗・安。」

　　「怎麼想起這個？」

　　「她是我大學裡的戲劇課教師。」大衛說。

　　「迷你的老太太？」她鬆了口氣。

　　「並不太老，大概比我大四歲。」在家門口，他掏出鑰匙邊開門邊說，「她是另一個我想與之結婚的女人。這就是你真正想知道的，是嗎？真有那麼嚴重？」

　　她在他之前走進了屋子，小心地掩飾著自己。這突然而來的一陣嫉妒，使她感到自己幼稚而愚蠢。

　　「不過她拒絕了我。」大衛微笑著說。

　　「她很漂亮嗎？」凱莉嘴上這樣問，心裡卻希望她並非如此。

　　「她有修長的身材，加上那黑頭髮和大眼睛，很迷人。」大衛說，「當然，她是一個常因精彩表演而被觀眾掌聲打斷的演員。」

　　「她後來的情況怎麼樣？」

　　「不知道。你幹嗎問這些？這已經是好多年以前的事了。」

　　「我想我是嫉妒了。」她笑著默認道。

大衛微笑著伸出手臂摟住了她。

「你是我非常信賴的妻子。」他吻了吻她的鼻尖，「每個人心中都有一塊屬於自己的特殊的角落，你只不過是聽厭了我的歌。」

既然，誰都有自己的故事，你又何必計較愛人的故事裡沒有自己呢？成為他（她）的最後選擇，一起相濡以沫，攜手走完人生路不是最大的喜悅嗎？

·· 禪林清音 ··

既然有緣相遇、相愛，又何必抱怨相逢太晚呢？

9. 滔滔不絕的青年

一位年輕人自己覺得對「空」的意義理解得很透徹，便誇下海口，走遍天下也沒有人能夠難倒他。果然他所言非虛，一路過關斬將，名聲日隆。人們驚歎不已：他有問有答，滔滔不絕，真是後生可畏！

一天，他經過一間寺廟，當地禪師都以特別規格的禮儀接待他，這使得年輕人更加口若懸河。想想他也確實有一些功夫，他能一口氣把《大品般若》裡的「二十空」講述十個小時！因此，人們建議他去結交一位德高望重的坐禪大師。

和那位大師面對面坐下，年輕人按捺不住誇示自己的悟境之高：「心、佛與眾生，是三重皆空，無悟無邊，無凡無聖，無施無受！」

那位大師靜靜地聽著。其間，他一會兒請年輕人喝口

茶水，一會兒請年輕人享用水果。

可年輕人哪裡顧得上？他只顧說自己的，言談有如懸崖瀑布，綿綿不絕。

忽然，大師出其不意，用手邊的煙管打了這位年輕人一下。

年輕人立刻憤怒地叫了起來，斥責道：「大師為何突然有此之舉？」

「既然一切皆空，」大師悠悠說道，「試問怒從何來？」

年輕人大驚，深感慚愧。

·道破禪機·

愛情頭髮絲

「既然一切皆空，試問怒從何來？」大師一語敲醒了年輕人，使他頓覺慚愧。

這世上總有一些自以為知曉一切的人，其實連最基本的道理也不懂。在愛情上，他們放縱性，自以為自己的愛情方式很新潮、很時尚，隨性而快樂，其實往往曲解了愛情。愛情本身是一種偉大豐富的感情，它像世界一樣壯闊，而絕不是在床上打滾。

露茜的姑媽有一個圓形的金首飾，她總是用一根細細的鏈子把它繫在脖子上。

露茜猜想，這裡準有什麼異乎尋常的緣由，裡面究竟放著什麼呢？露茜很納悶。

露茜終於使姑媽同意給她看看那個金首飾。她把首飾

放在平展開的手上，用指甲小心翼翼地塞進縫隙，蓋子猛地彈開了。

令人失望的是，裡面只有一根極為尋常的、結成蝴蝶結狀的女人頭髮。難道全在這兒了嗎？

「是的，全在這兒，」姑媽微微地笑著，「就這麼一根頭髮，我髮結上的一根普普通通的頭髮，可是它卻維繫著我的命運。更確切地說，這纖細的一根頭髮決定了我的愛情。你們現在這些年輕人也許不理解這點，你們把自愛不當回事，不，更糟糕的是，你們壓根兒沒想過這麼做。對你們說來，一切都是那樣直截了當，來者不拒，受之坦然，草草了事。」

「我那時19歲，他不滿20歲。一天，他邀我上山旅行。我們要在他父親狩獵用的僻靜的小茅舍裡過夜。我躊躇了好一陣，因為我還得編造些謊話讓父母放心，不然他們說什麼也不會同意我幹這種事的。當時，我可是給他們好好地演了出戲，騙了他們。」

「小茅舍坐落在山林中間，那兒萬籟俱寂，孤零零地只有我們倆。他生了火，在灶旁忙個不停，我幫他煮湯。飯後，我們外出，在暮色中漫步。兩人慢慢地走著，此時無聲勝有聲，強烈的心聲替代了言語，此時還有什麼可說的呢？」

「我們回到茅舍。他在小屋裡給我置了張床。瞧他幹起事來有多細心周到！他在廚房裡給自己騰了個空位。我覺得那鋪位實在不太舒服。」

「我走進房裡，脫衣睡下。門沒上栓，鑰匙就插在鎖裡。要不要把門拴上？這樣，他就會聽見栓門聲，他肯

定知道，我這樣做是什麼意思。我覺得這太幼稚可笑了。難道當真需要暗示他，我是怎麼理解我們的歡聚嗎？話說到底，如果夜裡他真想幹些風流韻事的話，那麼鎖、鑰匙都無濟於事，無論什麼都對他無奈。對他來說，此事尤為重要，因為它涉及到我倆的一輩子——命運如何全取決於他，不用我為他操心。」

「在這關鍵時刻，我驀地產生了一個奇妙的念頭。是的，我該把自己『鎖』在房裡，可是，從某種程度上說，只不過是採用一種象徵性的方法。我踮著腳悄悄地走到門邊，從髮結上扯下一根長髮，把它纏在門把手和鎖上，繞了好幾道。只要他一觸動把手，頭髮就會扯斷。」

「嗨，你們今天的年輕人呀！你們自以為聰明，聰明絕頂。但你們真的知道人生的秘密嗎？這根普普通通的頭髮——翌日清晨，我完整無損地把它取了下來！——它把我們倆強有力地連在一起了，它勝過生命中其他任何東西。一待時機成熟，我們就結為良緣。他就是我的丈夫——多烏格拉斯。你們是認識他的，而且你們知道，他是我一生的幸福所在。」

雖然沒有那一夜的縱情，但姑媽的「愛情頭髮絲」卻將他倆緊緊地連在了一起，這才是愛情真正的涵義所在。愛情不僅僅是性的交歡，它還有很多地方值得你去學習、去努力。

禪林清音

如果愛情只是性與性的交流，你還會沉迷一生，難以忘懷嗎？

10. 四個老婆

有一次，釋迦牟尼在法會上給他的幾個弟子講了個故事。

某地有個富商，共討了四個老婆：

第一個老婆既伶俐又可愛，整天陪在他身邊，像影子一樣寸步不離。

第二個老婆是他從外地搶來的，嬌豔美麗，令他人十分豔羨。

第三個老婆，忙著為他打理生活瑣事，讓他過著安定的生活。

第四個老婆是最忙碌的，整日東奔西跑處理他的煩心事，丈夫幾乎忘記了她的存在。

有一次，商人要出遠門了，長途跋涉非常艱苦，他決定選一個老婆陪伴自己。於是，商人把自己的想法告訴了四個老婆——

第一個老婆說：「我才不陪你呢，你自己去吧！」

第二個老婆說：「我是被你搶來的，本來就不情願地當你的老婆，我才不去呢！」

第三個老婆說：「儘管我是你的老婆，可我不願受風餐露宿之苦，我最多送你到城郊！」

第四個老婆說：「既然我是你的老婆，不論苦樂或生死，你到哪裡我都跟著你。」

於是商人帶著第四個老婆開始了他的長途跋涉。

最後，釋迦牟尼說：「你們明白了嗎，這個商人就是你們自己。」

真愛沒有藉口

　　常常有人感歎現在的人太會掩飾自己，弄得愛情太複雜，總讓人分不清哪個人才是真正愛自己的人。其實，要看清哪個是真愛並不難，真正愛你的人在你最關鍵的時候不會找那麼多的理由和藉口來逃避，就像商人的第四個老婆，無論苦樂或生死，都會跟著你一起走。

　　下面故事中的女孩就是這樣找到了真愛。

　　一位心性高遠的女孩要遠走高飛了，四個男孩去送她。女孩知道，他們都在心底愛著她。火車就要啟動的時候，女孩看著四個男孩欲言又止的樣子，就露出一口皓齒，笑著說：「你們是不是捨不得我離開呀？真捨不得我就跟我走呀！」

　　四個男孩神情戚然，一時竟都沒什麼反應。

　　就在車門架快要收起的時候，其中的一位飛身躍上了火車，把女孩擁進懷裡。

　　女孩沒有拒絕。她靠在男孩肩頭，淚水濡濕了男孩的衣領。

　　看著相擁在一起的男孩和女孩，月臺上的三個男孩後悔已來不及了，機遇之車很快駛出了月臺。就在這一愣怔、一猶豫之間，愛已經從他們身邊走遠。

　　一年後，在另一個城市，在女孩和那位男孩的婚禮上，三個男孩問女孩：「你是什麼時候決定嫁給他的？」

　　女孩說：「在他奮不顧身地躍上火車的那一刻。」

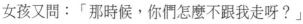

女孩又問：「那時候，你們怎麼不跟我走呀？」

「我以為你在開玩笑呢。」第一個男孩說。

「我還沒來得及跟單位請假，怎麼跟你走。」第二個男孩說。

「要我放棄這麼好的工作跟你走，總得讓我考慮考慮吧。」第三個男孩說。

三個男孩都有各自的理由，啟動的火車卻不會為他們的理由而停留。火車開走了，他們就被拋在後面。

真愛就是這樣簡單直白，能夠為了你甘願拋棄一切，不找任何藉口的人，才是真正愛你的人。願每個人都能撥開愛情的迷霧，識破所有的藉口，在茫茫人海中找到真正願意和你廝守終生的人。

ᒋ··禪林清音··ᒐ

雁過長空，影沉寒水，雁無遺蹤之意，水無沉影之心。

第六篇　怒是心奴　恕是心如

1. 誰是禪師

　　佛光禪師在參禪的生活中經常忘記自我，從各地來參學的禪者，要求拜見禪師，面請教義，侍者通報時往往說：某位學僧從某地來，想見禪師，佛光禪師便總是自然地反問：「誰是禪師？」

　　有時候，佛光禪師在吃飯，侍者問：「禪師，你吃飯吃飽了嗎？」

　　禪師會茫然地問：「是誰在吃飯啊？」

　　一次，佛光禪師下田除草，從早到晚都沒有休息一下，大家見到他都慰問說：「禪師你辛苦了！」

　　佛光禪師禮貌地答道：「誰在辛苦？」

　　「誰在辛苦？」「誰在吃飯？」「誰在說話？」佛光禪師經常忘了自己這樣回答別人，也反問別人。不少禪學之人就因為佛光禪師的這些反問而找到了自己，認識了自己。

╔┈┈┈道破禪機┈┈┈╗

在愛戀中學會忘我

　　俗話說：相愛容易相處難。戀人之間相處得怎麼樣，

關鍵還取決於戀人如何相處。雖然每個人都有自己的性格、思想以及價值觀，但是既然有緣分在一起，就需要學會接納和忍讓對方，必要時還應學會忘我。就像佛光禪師一樣，在許多時候不知不覺地忘卻自我，試著多從對方角度去考慮事情。這樣，才能使兩個人相處得愉快，才能夠執子之手，與子偕老。

　　如若每個人都堅持自我，過於注重自我的感受，甚至擺出一副絕不能商量的態度，一旦有些事達不成共識，就針尖對麥芒，吵起來一個比一個嗓門大，這樣只會讓雙方感到痛苦，久而久之必然會分道揚鑣。

　　誠然，在愛戀中學會忘我，並非讓你完全放棄自我，一味地以對方為中心，什麼事都只考慮對方，而是讓你恰當地避開「以自我為中心」的陷阱，凡事先站在對方角度上想一想，再加上自己的見解與對方談一談。相信你這樣有分寸，你的另一半也會漸漸地感到被尊重，而對你禮待有加的。

　　曾有一對年輕的戀人，女孩子很愛乾淨，幾乎每天打掃一遍衛生，而那個男孩更熱衷於工作和交朋友而忽略家務，覺得衛生方面只要過得去就行。相處久了，女孩覺得每天自己打掃很累，希望男孩幫她分擔一點。

　　沒想到男孩說：「我看著房間挺乾淨的，何必每天打掃？這樣好了，平時咱倆都上班，不用打掃，週末的時候一起來個大掃除就行。」

　　女孩同意了。每天忍受著房間裡的灰塵，盼望著週末和男孩一起打掃。

　　可是到了週末，男孩又有了別的事，或是幫同事搬

家，或是幫朋友買電腦、修電腦，早已把大掃除的事忘得一乾二淨，等忙了一天回來，發現女孩在床上悄悄落淚。

男孩很詫異，忙問她：「怎麼了？」

女孩不想說，只是哭。

男孩見她哭得莫名其妙，以為她又在無理取鬧，一下子就火冒三丈了：「我忙了一天，還盼望著回家吃頓熱騰騰的飯呢，誰想，一回來就看見你哭喪著臉！」

女孩見他這麼大聲，也大聲吵起來：「你說過週末大掃除的，結果出去了一天才回來。家裡那麼髒，還怎麼住啊？」

「髒嗎？我不覺得，平時又沒人來家裡，我們天天上班，就算髒也只不過有點灰塵罷了。再說，我不是幫朋友忙去了嘛！」男孩自知理屈，口氣有點緩和了。

「你不覺得髒，可是我受不了，還有，你整天就惦記著那些狐朋狗友，什麼時候想過這個家？」女孩依舊不饒他。

「這樣好吧，我現在打掃，以後週末我可能還有事，我們你打掃一週，我打掃下一週。」男孩一邊開始拖地，一邊用商量的口氣對她說。

女孩又一次默許了。

接下來的日子，忙碌的男孩又一次次忘了打掃衛生，一週的灰塵落滿了整個房子。

女孩再也忍受不了他了，感覺他是一個光說不做的人，毅然提出與他分手。

分手後，男孩痛悔了一夜。第二天，他一起床就打掃房間，儘管女孩再也看不到了，但他覺得這是自己以前忽

略的地方，也是女孩分手的唯一原因。為了讓自己記住這個教訓，他寫了一個大大的便條放在門上，希望自己每天出門前都會看到。就這樣，男孩獨居的房間開始變得特別乾淨。

　　大約過了三個月，女孩有點想男孩了，畢竟他們從大學就是戀人，覺得為了那點家務事而分手實在有些衝動。於是，她找了一天，說是來拿點東西。

　　等推開門一看，房間特別乾淨，甚至比當初自己打掃得還乾淨，女孩心裡很高興。但兩個人談話間，依舊不提和好的事，儘管內心都想和好。最後，女孩見他不肯提出，就說該回去了。

　　等向外走的時候，女孩又看到了那個大大的便條：「記住要打掃衛生！」不禁笑了，回過頭來問男孩：「你是每天都照做？還是知道我今天來才打掃的？」

　　男孩故意扭過頭去說：「我沒必要在你面前表現什麼吧？」

　　女孩笑了笑，走了。大約過了10分鐘，男孩收到一條短信：「來吧，幫我把行李搬回去！」

　　男孩喜出望外，興沖沖地去把女孩接了回來。

　　從此，這對戀人相處得更加愉快了。

　　男孩起初以為衛生只是小事，但是，對方卻把它當大事，最後當他把衛生也當作大事時，雙方才得以破鏡重圓。

　　相處之道，其實就體現在生活的點點滴滴，只要你多想想對方，適當地忘我一些，用心對待一件件看似尋常的小事，你會發現，相愛簡單，相處其實也不難。

忘我不是完全沒有自我，只是需要你多想想對方。

2. 不會吵架的書生

從前，有一個知書達理的書生，他待人總是彬彬有禮，人緣很好。可是，他偏偏娶到一個很愛吵架的老婆。

一天，書生從集市上買回來一條魚，打算改善一下夫妻倆的伙食，讓妻子少吵幾句。沒想到妻子看見魚就罵：「一條魚也要花錢買，你不會像漁夫那樣去河裡抓條魚回來啊？」書生聽了氣不禁湧上來，但又覺得和她吵架會讓鄰里笑話，於是忍了。

幾天後，他又買回來幾斤雞蛋，結果妻子又罵他：「你怎麼這麼笨，用買雞蛋的錢買幾隻小雞回來，過幾個月就天天有雞蛋吃了。」

後來，他們的兒子到了讀書的年齡，書生想讓兒子讀書考取功名，沒想到這樣也被妻子破口大罵：「還要讓兒子讀書，將來像你一樣，什麼都考不上，只能在鄉間私塾裡教書，結果什麼也不會幹，連魚也不會捕，只會買別人的魚；讀成書呆子，不知道買小雞偏偏買雞蛋吃。」

書生徹底被激怒了，但他還是不想爭吵什麼，便決定離家出走。

在路上，他遇到一位禪師，便向禪師傾訴了他的苦悶。

禪師反問他：「為什麼你不能跟她吵呢？」

「我一怕鄰里們笑話，二怕越吵越凶導致夫妻感情破

裂，再說我是讀書人，不說粗話！」書生回答道。

「那你說說誰家沒有吵過架？吵架的夫妻都離婚了嗎？」禪師又問。

書生知道禪師說的有理，但是，他還是不能放下書生的架子，不敢說粗話。

「你決定離家出走，說明你已不想和她過下去了，既然這樣，何不回去罵罵她，泄泄你的火氣呢？」禪師替他說話了。

「好吧，反正破罐子破摔了！」書生轉身往家走。

一進家門他就對著妻子罵：「我買魚給你吃，你嫌我不會捉魚，可漁夫會教書嗎？買雞蛋給你，你嫌我不買小雞，那小雞能現吃嗎？讓兒子讀書，你怕他將來考不上，只會教書，那你幹嗎嫁給我這個臭教書的？」撒完這些悶氣，書生覺得心裡舒暢多了。

而他的妻子聽完，不但沒有跟他爭吵，反而對他說：「好了，我就是嫌你不會吵架，才罵你的，兩個人天天你敬我，我敬你的，多沒意思啊！像你剛才那樣大吵幾句，反而讓我覺得你心裡還是有我的，要是你真的不聲不響地走了，我才真的傷心。」惹得書生哭笑不得。

從此他倆經常拌嘴，但誰也沒記過仇，日子過得比以前有滋味多了。

·˙道破禪機˙·

吵架未必是壞事

俗話說：打是親，罵是愛。每個人活在這世上，總是

迫不得已戴著各種面具工作、生活。回到家裡，如果夫妻二人依然戴著面具相處，表面上相敬如賓，不吵不鬧，日子久了難免會顯得有些冷漠。相反，那些表面上打打鬧鬧的夫妻，實際上卻十分恩愛。

書生的妻子就是想讓他放下架子，痛痛快快地跟自己吵一吵，讓小倆口的日子更有滋味些。

小琴和小王都是白領，收入很高，在別人看來很是羨慕。可是他倆結婚三年多來，鄰里們經常聽見他倆高聲吵架，而吵架的原因十有八九是些雞毛蒜皮的小事。不是嫌對方下班忘記買菜了，就是嫌對方忘記刷碗了，要麼就是嫌對方炒菜太鹹了。可是，無論吵聲多大，吵得多麼不可開交，過後，誰也不計較誰是誰非。一般都是每次吵不了兩天，又重歸於好，再過一段時間又重新開戰。

周圍的鄰里們有時很好奇，有時候會當面問他倆：「你們既然經常吵架，小日子也過不安生，怎麼也沒見你們誰鬧離婚啊？」

小王笑著回答：「幹嗎吵架就得離婚啊？我們平時上班工作壓力太大了，每次吵架之後都覺得減輕了不少壓力。於是，吵架就變成了我們的相處方式之一，我們的感情一點也沒有受過傷害。因為我們有個約定，誰也不能說太過分的話。」

鄰里想想的確是那樣，前天他們大吵過一回，第二天小琴感冒生病了，小王就急得滿頭大汗地找鄰居借生薑，熬薑湯，一點都不像吵過架的。

時間久了，鄰里們都說他倆是一對歡喜冤家、戰爭夫妻。

其實，吵架並非完全是一件壞事。如果你的另一半在你面前發火，甚至破口大罵，雖然有些失禮，但換個角度想想，如果對方不愛你，不在乎你，誰還懶得理你？不正因為和你是夫妻，才好意思在你面前那麼放肆嗎？對於真正恩愛的夫妻而言，「打情罵俏」或許正是夫妻咖啡生活中的一塊方糖。會吵架的夫妻，感情反而越來越好。

禪林清音

　　愛有時會在打打鬧鬧中得到昇華。

3. 夢窗禪師挨打

　　唐開元年間有位夢窗禪師，他德高望重，既是有名的禪師，也是當朝國師。

　　有一次他搭船渡河，渡船剛要離岸，這時遠處來了一位騎馬佩刀的大將軍，大聲喊道：「等一等，等一等，載我過去！」他一邊說一邊把馬拴在岸邊，拿了鞭子朝水邊走來。

　　船上的人紛紛說道：「船已開行，不能回頭了，乾脆讓他等下一趟吧！」船夫也大聲回答他：「請等下一趟吧！」將軍非常失望，急得在水邊團團轉。

　　這時坐在船頭的夢窗國師對船夫說道：「船家，這船離岸還沒有多遠，你就行個方便，掉過船頭載他過河吧！」船夫看到是一位氣度不凡的出家師父開口求情，只好把船開了回去，讓那位將軍上了船。

　　將軍上船以後就四處尋找座位，無奈座位已滿，這時

他看到了坐在船頭的夢窗國師，於是拿起鞭子就打，嘴裡還粗野地罵道：「老和尚！走開點，快把座位讓給我！難道你沒看見本大爺上船？」沒想到這一鞭子下來正好打在夢窗國師頭上，鮮血順著臉頰汩汩地流了下來，國師一言不發地把座位讓給了那位蠻橫的將軍。

這一切大家都看在了眼裡，心裡是既害怕將軍的蠻橫，又為國師的遭遇感到不平，紛紛竊竊私語：將軍真是忘恩負義，禪師請求船夫回去載他，他還搶禪師的位子並且打了他。將軍從大家的議論中，似乎明白了什麼。他心裡非常慚愧，不免心生悔意，但身為將軍卻拉不下臉面，不好意思認錯。

不一會兒船到了對岸，大家都下了船。夢窗國師默默地走到水邊，慢慢地洗掉了臉上的血污。那位將軍再也忍受不了良心的譴責，上前跪在國師面前懺悔道：「禪師，我……真對不起！」夢窗國師心平氣和地對他說：「不要緊，出門在外難免心情不好。」

∴道破禪機∴

吃虧是福

夢窗國師那句：「出門在外難免心情不好。」雖出語平凡，卻道出了他極高的做人境界。

人們常說：吃虧是福。意思是當你在某方面吃虧以後，老天必然會在另一方面補償你。

夢窗國師的吃虧換來的是將軍的敬重，而下面這位先生卻換來了一段美好的姻緣。

有一位先生到一家保齡球館打保齡球。

相鄰球道一位小姐提起一個10磅球，碎跑幾步，朝球瓶奮力擲去，哪知道她那無縛雞之力的纖纖玉指沒把球抓穩，球沒朝目標飛去，卻聽見「哎喲」一聲尖叫，球重重地砸在了旁邊這位先生的腳上。他雙手緊握傷處，痛得齜牙咧嘴。只見他的腳背立刻腫了起來，血浸透襪子，左腳大腳趾的指甲已經脫落。

小姐嚇得面色發紫，驚慌失措，一個勁地說：「對不起，請原諒，我該死，我第一次打保齡球，請多多包涵。」不料那位先生並未惱怒，反而吃力地忍痛笑道：「小姐，你再練練一定能次次擊中，我的腳趾頭那麼小都能打中，球瓶那麼大還能打不中？」

小姐忍不住撲哧一聲笑紅了臉：「十指連心，可你忍著不喊疼，真是男子漢。」先生又歪咧著嘴說：「我不是女人，也不是太監，只能是男子漢了！」

小姐執意要送這位先生去醫院。後來，這個意外事故的結尾卻成了一個美好故事的開端。他們談起了戀愛，並終成眷屬。妻子誇丈夫：「他堅強勇敢，胸襟寬廣，為人和氣，機智幽默，懂得體貼，諒解他人過失，是值得終生依靠的男人。」丈夫也說：「當初我要是罵一頓，吵一通，既不解痛，也不解氣，何苦來著？丟了個指甲蓋，卻撿來個好妻子，真是吃虧是福啊！」

試想一下，若那位先生當初怒不可遏的話，他還會有這份姻緣嗎？所以說，吃虧是福，生活中多一些諒解，不僅讓自己少生氣，對身心有好處，還會給他人留下極佳的印象。否則人們之間不能相互體諒，生活將會痛苦不堪，

毫無樂趣。

·：禪林清音：·

修行，頭一個就要懂得「吃虧是福」。

4. 愛生氣的婦人

古時有一個婦人，特別喜歡為一些瑣碎的小事生氣。她也知道自己這樣不好，便去求一位高僧為自己談禪說道，開闊心胸。

高僧聽了她的講述，一言不發地把她領到一座禪房中，落鎖而去。

婦人氣得跳腳大罵。罵了許久，高僧也不理會。婦人又開始哀求，高僧仍置若罔聞。婦人終於沉默了。高僧來到門外，問她：「你還生氣嗎？」

婦人說：「我只為我自己生氣，我怎麼會到這地方來受這份罪。」

「連自己都不原諒的人怎麼能心如止水？」高僧拂袖而去。

過了一會兒，高僧又問她：「還生氣嗎？」

「不生氣了。」婦人說。

「為什麼？」

「氣也沒有辦法呀。」

「你的氣並未消逝，還壓在心裡，爆發後將會更加劇烈。」高僧又離開了。

高僧第三次來到門前，婦人告訴他：「我不生氣了，

因為不值得氣。」

「還知道值不值得，可見心中還有衡量，還是有氣根。」高僧笑道。

當高僧的身影迎著夕陽立在門外時，婦人問高僧：「大師，什麼是氣？」

高僧將手中的茶水傾灑於地。婦人視之良久，頓悟，叩謝而去。

何苦要氣？氣便是別人吐出而你卻接到口裡的那種東西，你吞下便會反胃，你不看它時，它便會消散了。氣是用別人的過錯來懲罰自己的蠢行。

夕陽如金，皎月如銀，人生的幸福和快樂尚且享受不盡，哪裡還有時間去氣呢？

道破禪機

生氣只會懲罰自己

一個人若是很容易生氣，那麼無論他人怎樣對他，他一樣有可能會氣急敗壞，就像那個婦人一樣。而最好的辦法是開闊他的心胸，讓他明白：生氣只會懲罰自己。

曾經有一個青年，在未出家前，常常遭到別人的辱罵，反罵回去時，換來的卻是更大的羞辱，最後因為耐不住自尊連番受挫，一時心灰意冷，才憤而出家。

教他佛學的師父洞悉他心中的障礙，忽然一改和善的態度，動輒吼罵，視之為無物。

「怎麼？罵你，你不高興是吧！不服氣，你也可以反罵回來呀！為什麼不敢？因為我是你師父？因為怕罵了

我，我會趕你出去，天下之大就沒有你可以容身之所？還是你怕會罵輸我，擔心自尊受到更大的侮辱，唯恐又刺傷了從前的痛處？」

青年氣得額頭青筋浮凸，簡直就像是密封在罐子裡的炸藥。

「像你現在的心境，如何習法學道？我這裡有兩條路給你選，一條是去後山禁閉室修行兩年，一條是立刻滾出山門。」師父不留情面地說。

青年氣雖氣，但一想到這已是人生最後的退路，離開這兒，豈不又要回到原來的世界？一個人寂寞獨處，總好過罵不贏人，一再地被羞辱。他決定修行兩年。

兩年期間，師父不定時的會來到後山，在禁閉室外，故意罵他不長進，是庸人一個。而他總是緊閉門窗，獨自在裡頭氣得跺腳，以忍功回應。無奈，越忍耐就越氣，修行還怎麼修得下去？

一天，師父又來到禁閉室外，大罵他不是個東西，沒想到他卻出聲回應了：「謝謝師父的讚美，弟子還真不是個東西呢！」

師父察知他有所轉變，但不曉得到達何種程度，繼續罵：「哎呀！你這個爛東西，竟然敢頂撞師父！」

青年再回應：「啊！師父，您說對了！弟子全身上下就沒一處是好東西，若非這個虛假不實的爛身體，弟子早雲遊四海去了！」

「哼，你這廢物，將來出門可別說是我的徒弟！」

青年在屋裡大聲笑答：「不敢，不敢！我會說自己是師父的一坨屎，將來有機會埋在土裡，滋養大地，使萬物

受育。幸哉！幸哉！」

師父再也罵不下去了，高興地說：「你現在的心胸，想必是萬里無雲的晴空了。既然陰霾已去，還賴在籠子裡幹什麼？出來吧！」

心中的怨氣是堵不住也壓不住的，擁有博大心胸的人，才懂得將心中的憤怒情緒一掃而光，讓所有的不愉快煙消雲散。少生一些氣，就少一些糊塗；少一些糊塗就少一些錯誤；少一些錯誤就多一些幸福。與其與人生氣，不如做快樂的自己，享受愛情，享受生活。

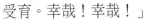

．．禪林清音．．

凡是境界風一吹，你就動了。

5. 吵架的夫婦

仙崖禪師外出弘法，路上，遇到一對夫婦吵架。

妻子：「你算什麼丈夫，一點都不像男人！」

丈夫：「你罵，你若再罵，我就打你！」

妻子：「我就罵你，你不像男人！」

這時，仙崖禪師聽後就對過路行人大聲叫道：「你們來看啊，看鬥牛，要買門票；看鬥蟋蟀、鬥雞都要買門票；現在鬥人，不要門票，你們來看啊！」

夫妻仍然繼續吵架。

丈夫：「你再說一句我不像男人，我就殺人！」

妻子：「你殺！你殺！我就說你不像男人！」

仙崖：「精彩極了，現在要殺人了，快來看啊！」

路人：「和尚！大聲亂叫什麼？夫妻吵架，關你何事？」

仙崖：「怎不關我事？你沒聽到他們要殺人嗎？殺死人就要請和尚念經，念經時，我不就有紅包拿了嗎？」

路人：「真豈有此理，為了紅包就希望殺死人！」

仙崖：「希望不死也可以，那我就要說法了。」

這時，連吵架的夫婦都停止了吵架，雙方不約而同地圍上來聽聽仙崖禪師和人爭吵什麼。

仙崖禪師對吵架的夫婦說教道：「再厚的寒冰，太陽出來時都會融化；再冷的飯菜，柴火點燃時都會煮熟；夫妻，有緣生活在一起，要做太陽，溫暖別人；做柴火，成熟別人。希望賢夫婦要互相敬愛！」

仙崖禪師的話說得吵架的夫婦十分慚愧，就各自認錯，和好如初了。

·道破禪機·

勺子總會碰鍋沿兒的

俗話說：勺子總會碰鍋沿兒的。兩個來自不同家庭、有著不同成長經歷的人，結為朝夕相處的夫妻後，難免會發生一些矛盾衝突。夫妻間有了爭吵並不可怕，關鍵是把握分寸，只要吵完了互相退讓一步，就會和好如初。畢竟，夫妻沒有隔夜的仇。

記得在日本有一個叫做甘卡的小村莊，那裡有一塊著名的礁石叫做「離婚岩」。當夫妻雙方發生爭吵，一段婚姻發生觸礁時，村裡的人就會將這對夫婦送到礁石上去。

離婚岩，是海邊一個難以接近的小熔岩丘，遠遠望去那只是一個小黑點。村民用船將這對夫婦載往離婚岩，並只留下一條毯子，讓他們在這裡過上一夜。

這一夜夫妻倆是怎樣度過的並不重要，重要的是，每當第二天早晨村裡的獨木舟划向岩石來接他們時，他們都會相擁著向人們揮手……

一個固執的妻子和一個不懂溫柔體貼的丈夫在這兒坐過一夜後，所有白熱化的爭執都會冷卻下來，一段觸礁的愛情，就又可以再次揚帆了。因為經過一夜的冷靜相處，兩個人已和好如初了。

雖然你的周圍並沒有那樣的「離婚岩」，但只要你學會冷靜，懂得退讓，所在之處就是你最好的「離婚岩」。

還有一對夫妻，兩個人平日相處融洽，恩恩愛愛，可一旦吵起嘴來誰都不讓步，而且還有個默契：吵嘴後誰也不先找誰說第一句話，誰先說話就意味著誰輸，有理也算輸。

一天晚上，夫妻倆已上床就寢。不知怎麼，兩人為家庭某件瑣事吵嘴。吵到厲害時，妻子氣呼呼地踹丈夫一腳說：「滾，滾到沙發上去睡。」

半夜，風雨大作，天氣驟涼。妻子再也無法入睡，她暗暗心疼丈夫了。睡在沙發上什麼也不蓋還不凍壞了？妻子抱起一床毛毯走到外屋一把推醒丈夫。自己也不說一句話，把毛毯往桌子上一放就回了屋。

第二天早晨，妻子進屋一看，丈夫還躺在沙發上呼呼大睡。毯子原封不動地放在桌子上。妻子火冒三丈，擰住丈夫的耳朵，罵道：「困死了困死了，幹嗎不蓋毯子？」

丈夫被擰得嗷嗷亂叫，還嬉皮笑臉地說：「嘿嘿，毯子是我剛剛疊好的。」

妻子氣呼呼地又問：「為什麼耍花招?」

丈夫仍舊笑模笑樣地說：「我想……想叫你說第一句話。」

如果每對夫妻能像他們這樣對待吵架，吵過之後不計較、不記仇，相隔一夜就能泯恩仇，哪來離婚的不幸啊？既然「勺子總會碰鍋沿兒的」，那麼雙方都努力去化解每一次的爭吵，不讓它在彼此心中積怨才是最好的相處之道。

禪林清音

烏雲罩住了太陽，因為它愛得深沉。

6. 一休謝罪

一休禪師還是小沙彌的時候，就很聰明。有一位信徒送一瓶蜂蜜給他的師父，師父這天剛要出門，心想：這瓶蜜放在屋裡很不安全，一休可能會偷吃，因此把一休叫來吩咐道：

「一休！剛才信徒送來這瓶毒藥，藥性強烈，非常危險，你千萬不可貪食。」

一休是個很機靈的人，他當然懂得師父的意思，師父走了以後，他就把整瓶蜂蜜吃光了，飽嘗一頓之後，心想師父回來時怎麼交代呢？靈機一動，就隨手將師父最心愛的一只花瓶打碎，當師父回來時，一休倒在地上號啕大

哭，向師父哭著說道：

「師父！我犯了不可赦免的罪過了。」

「一休！你做了什麼錯事？」

「師父！我把您心愛的花瓶打破了！」

「一休，你怎麼這樣粗心大意，把那麼貴重的花瓶打破了？」

一休無限憾恨似地懺悔道：「師父！我知道不該將您的花瓶打破，為了表示懺悔，向師父做個交待，我只好以死來謝罪，所以把您的那瓶毒藥吃下去了！」

這樣的謝罪方式，使師父啞巴吃黃連，哭笑不得！

道破禪機

用幽默化解彼此的埋怨

一休小小的年紀，竟然如此機靈，以如此方法來謝罪懺悔，這豈不正是幽默的力量嗎？幽默不僅能引人發笑，還能化解人的怒氣。一對夫妻相處久了，難免會碰上一些出乎意料的事，觸及對方敏感的神經，哪怕一方真誠的道歉也難以化解對方的怒氣。這時候，適當添加一點幽默，或許會有意想不到的效果。

有一對夫婦，彼此能力都很突出。妻子是一家公司裡的高管，平時在公司裡很有權威，說話辦事向來說一不二。而丈夫自己經營一家公司，也是一個很有魄力的人。

多年相處下來，兩人倒都能放下架子，彼此尊重，相安無事，孩子也很有教養，惹得朋友們都很羨慕。

後來，他們的孩子去外地讀大學了。家裡少了孩

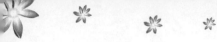

子，只剩下兩個大人，平時家裡的生活中少了很多歡聲笑語。

就在那一年冬天的早晨，妻子和丈夫互相交換了一下車去上班。妻子開著丈夫的寶馬，而丈夫開著妻子公司給配的奧迪。由於剛下過雪，路上很滑，結果妻子開車跟別人撞了一下，人沒事，就是把寶馬的前臉擠變形了。

妻子知道丈夫的車還從來沒被碰撞過，心愛得很，怕他知道後生氣，就沒敢告訴丈夫。而是偷偷地開到一家修車行，讓人家儘快處理好，自己下班搭計程車回家。

她沒料到的是，丈夫那天也跟別人的車刮了一下，同樣地也是怕妻子生氣，也悄悄地開到了修車行，責令人家儘快處理乾淨，自己也搭計程車回家。

妻子先到的家，她從視窗看到丈夫從計程車裡出來，走路回家，心裡很納悶。

丈夫一進門就對她說：「親愛的，明天公司裡一個小夥子要結婚，把你們公司的奧迪借去了，明天下午才能換回來，不著急吧？」

「哦？不著急，沒事，正巧我們公司也有一個女孩明天結婚，就把你的寶馬借去了，也是明天下午才送回來。」妻子一邊說著，一邊覺得自己反應挺快的。

「不著急，讓人家用用嘛，咱們大不了去擠回公車，反正都好多年沒擠過了。想想還挺有新鮮感的！」丈夫暗自慶倖地說。

那天晚上，他倆有說有笑地把對方忽悠住了。

第二天下午，他倆都去修車行取車，結果是同一家，倆人撞了個正著。

那一刹那間，他倆都愣住了，心裡一陣驚慌，但又很快明白了怎麼回事。

丈夫突然笑嘻嘻地說：「你也來領喜糖了？」

妻子見事已穿幫，只好賠笑著：「是啊，一會兒我把領到的喜糖還你，你的也還我！」

就這樣，一場原本看似緊張的矛盾，在談笑間化解了。

因此，在或平淡或緊張的生活中，懂幽默，善用幽默，用幽默去化解相處過程中的摩擦，多一些歡笑，少一些埋怨，對彼此之間的關係能起到一種潤滑劑的作用。

·禪林清音·

本來無一事，空生煩惱多。縱使真誠在，哪如幽默多。

7. 和尚過橋

大和尚與小和尚結伴下山去鎮上購買寺院一週必需的糧食。去鎮上的路有兩條：一條是遠路，需繞過一座大山，趟過一條小溪，來回近一天的路程；一條是近路，只需沿山路下得山來，再過一條大河即可，不過河上只有一座年久失修的獨木橋，不知哪天就會橋斷人亡。

大和尚和小和尚自然走的是近路。他們輕鬆下得山來，正準備過橋，突然細心的大和尚發現獨木橋的前端有一絲斷裂的痕跡。

他趕緊拉住小和尚：「慢點，這橋恐怕沒法過了，今

天我們得回頭繞遠路了。」

小和尚經大和尚提醒，也看到了橋的斷痕，但他甚是遲疑：「回頭？我們都走到這兒了，還能回頭嗎？過了橋可就是鎮上了。」

大和尚知道小和尚性格倔強，便不再言語，只是搶道走到了小和尚的前面，並隨手撿了塊石頭扔到木橋上。「砰」的一聲，腐朽老化的獨木橋應聲而落，掉入三四丈下湍急的河流中。

在回頭的路上，小和尚感激而又疑惑地對大和尚說：「師兄，剛才幸虧你投石問路，要不然，我可要葬身魚腹了。」大和尚不無深意地說：「其實回頭並不難。」

·∵道破禪機·∵

主動認錯沒什麼不好

「其實回頭並不難」，難的是倔強的小和尚若不能親眼看見獨木橋斷裂，他肯定不會回頭的。這個情形若放到戀人相處中，一旦雙方發生了爭吵，難道非得親眼看到感情破裂才肯回頭？在媽媽的眼裡，知錯就改是個好孩子。同樣，在夫妻的眼裡，知錯就改，依然是個好丈夫、好老婆。因此，為什麼不能放下自尊，主動去給對方認個錯呢？

為了生活、工作，在社會上，男女各自都扮演著不同的角色，也時常會發生爭吵。吵架的時候，每個人最好先捫心自問：「錯的人是不是我？」

假如你過分維護自己，或者不斷地在思想中追趕對

方，或者自憐自艾，或者愛把小事擴大，或者一開口就像軍長發號施令般，或者老是沉浸在你慣施的狡辯伎倆中，這樣很可能就是你該道歉的時候了。《舊約》中的一位先知給我們一句話，正道出我們死不服輸的情形：「你雖多服良藥，總是徒然，不得治好。」

就算真的完全是對方的錯（這個可能性極小），你也照樣可以挽回一場爭吵，而又不致傷害你的自尊。他若不肯坦誠表白，你可以先敞開心懷，說：

「很對不起，引發這樣大的爭吵。我若說了不該說的話，就請你原諒我吧！你有許多地方是我所欣賞的，你對我的愛是我所最寶貝的，所以現在大家吵成這樣，我心裡很難過。」

你不必虛偽造作，只要出於真心誠意，就可以把事情扭轉過來。

另外，如果你在道歉的時候，能和幽默相輔而行就更好了。有人說：「別忘記笑話有兩種，一種是嘻嘻哈哈的笑話，一種是出奇制勝的笑話，你得好好分辨才是。」這個定義在許多場合都適用，尤其是在男女之間親密的關係上。但是，過度的大笑不一定表示健康，很可能正是歇斯底里的表現！男女之間有些時候不適合上演戲劇。

最後值得一提的是，「誰做的」、「為什麼她會這樣」、「她怎能那樣」這些都是次要的問題，最主要乃在如何能盡速挽回局面。

有這麼一個小故事：

孩子們都把玩水當成一件快樂的事。有一天，村長宣佈舉辦一次划船競賽，地點在河上游某一段，那是這些孩

子沒有去過的。由於時日尚多，孩子們當然就先到那裡去勘察水勢，又花了不少工夫練習。某天傍晚他們又到那裡去，大家抱怨那裡的尖石巨岩太多。這時一個水利所管理員說：「孩子，光是埋怨石頭不會讓你贏的。忘掉它，只管順著水流用力划吧！」

這話對兩個相愛的人真是再恰當不過了。假設真的是她先開火，或者錯在你這一方，或者更可能誰也記不得戰爭是如何掀起的，但關鍵不在乎怎樣開始，乃在乎什麼時候結束。

在愛情裡，許多事都是愈快解決愈好，在這件事上尤其是如此！

因此，如果你們今天剛吵了架，現在立即就要打電話給他，用最溫柔的聲音把你心中的愛意傾吐出來。你將重新湧出無比的喜悅，建立起真正的尊嚴——前提是你能放下那自認為「很寶貴的自尊」，主動承認自己的過錯，並說出在感情中居第二位的三個字：「對不起！」

有許多戀人其實就因為一點小事而冷戰不休，時間一長既傷害了對方，又毀掉了愛情。等到日後回想起來，忍不住感慨道：「要是我當初主動認個錯，或許就不會落到現在這地步了！」

是啊，戀人之間發生爭吵很正常，既然很愛對方，就盡可能地把面子、自尊收起來，如果自己有錯，就應該主動認錯，既能重歸於好，又挽救了愛情。

禪林清音

在自己心愛的人面前，自尊、面子又算得了什麼？

8. 爭執的徒弟

在一座寺廟裡，住著一位老和尚和他的兩個徒弟。

一次，兩個徒弟看到屋裡飛進一隻蜜蜂，蜜蜂努力地朝窗外飛，卻被窗上厚厚的玻璃擋住了，一次次徒勞地摔下來。

徒弟甲說：「這隻蜜蜂真是愚蠢呀，既然知道這個方法行不通，為什麼還要做努力呢？它這樣做，即使飛一輩子也不可能成功。」

他從中得到領悟：世上有些事是不能強求的，該放手時就放手。

徒弟乙說：「這隻蜜蜂真頑強，它那麼勇敢，失敗了也不屈服。」

他也從中得到啟示：做人就應該像蜜蜂那樣，鍥而不捨，敗而不餒，百折不回。

於是，兩人爭執起來，誰也說服不了誰。

最後，他們只好去找師父來評理：「我們的觀點究竟誰的才是正確的呢？」

老和尚說：「你們誰都沒錯。」

兩個徒弟不解，心想，怎麼可能兩種觀點都對呢？難道師父是故意做好人，不讓我們再爭執了？老和尚早就看出了他們的心思，他微笑著，拿出一塊大餅，吩咐他們把大餅居中切開，徒弟二人照做了。

老和尚問：「兩個半塊餅，你說哪半塊好，哪半塊不好？」

他們回答不出。

老和尚說：「你們總是看到相異的地方，而沒有看到相同的地方，形式上的差異掩蓋了本質的相同。」

有些事或許並無分歧

同樣的蜜蜂，兩個徒弟卻得出了截然相反的結論。有時莫衷一是，其實極可能都是對的。因為本質相同的事物往往會有不同的表現形式，外加每個人的立場與價值觀不同，看法截然不同實在是在所難免。

但需注意的是，有些事或許並無分歧，而兩個人卻不厭其煩地爭論就有些無聊了。可悲的是，這種爭論在愛情中常有發生。

有一對年輕的戀人，一起去旅行。旅途中所見所聞，自然引起了他倆的討論。

一天，他倆坐在車上，看著窗外飛速後退的美麗風景。

女孩對男孩說：「瞧，所有的美景都在飛速地逝去，就如同我們走過的人生。」

男孩則不以為然：「我看到的卻是前方的美景正在撲面而來，正如我們的未來充滿美麗。」

女孩無語了。

此時，車窗外閃現了兩個老人，他倆都已滿頭白髮，老頭攙牽著老太太走在漫長的公路上。

女孩看到後充滿感動，因為那樣的執子之手、與子偕

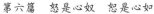

老是她心目中最美的願景。只是不知道，那樣的幸福能否和身邊的男孩一起擁有。

她對男孩說：「看人家，老爺爺牽著老太太的手，白頭偕老，多麼幸福！」

男孩起初沒有看到，經女孩手一指，他看到的卻是，老頭甩開了老太太，一個人向前快走了幾步。他對女孩說：「那老爺爺好像要拋棄老太太，一個人走了。」

「不是，那老爺爺是去撿前面的那個垃圾袋去了。」這時候，坐在他們旁邊的導遊插了句話。

果然，那老頭兒彎腰拾起了垃圾袋，而老太太也走到了他跟前，她扶著老頭兒直起腰來，扶著他繼續往前走。

男孩偷偷對女孩說：「明明是老太太扶著老頭嘛，幹嗎非得說是老頭扶著老太太？」

女孩終於受不了男孩老是跟自己抬槓了，她斜視著他說：「這有什麼不同嗎？」

這下，男孩無語了。

是啊，無論他們誰攙扶著誰，都是出於愛，這有什麼不同嗎？兩個相愛的人，為了一些本無可爭議的事情而爭論不休，豈不是自討無趣？為何一定要爭執那些本來就沒有什麼分歧的事情呢？

：禪林清音：

一直以為自己是對的，其實對方也是對的，回頭想想，自己真可笑。

9. 裝修的煩惱

　　一個年輕人抱怨妻子近來變得憂鬱、沮喪，常為一些雞毛蒜皮的事對他嚷嚷，並開始罵孩子。這都是以前不曾發生的。他無可奈何，開始找藉口躲在辦公室，不想回家。

　　這天，他在磨磨蹭蹭的回家途中遇到了風尚禪師。看著他一臉沮喪，風尚禪師問他怎麼了。

　　年輕人回答說，為了裝飾房間發生了爭吵。他說：「我愛好藝術，遠比妻子更懂得色彩，我們為了各個房間的顏色大吵了一場，特別是臥室的顏色。我想漆這種顏色，她卻想漆另一種顏色，我不肯讓步，因為她對顏色的判斷能力不強。」

　　風尚禪師問：「如果她把你的辦公室重新佈置一遍，並且說原來的佈置不好，你會怎麼想呢？」

　　「我絕不能容忍這樣的事。」年輕人答道。

　　於是，風尚禪師解釋：「你的辦公室是你的權利範圍，而家庭及家裡的東西則是你妻子的權利範圍。如果按照你的想法去佈置她的廚房，那她就會有你剛才的感覺，好像受到侵犯似的。當然，在住房佈置問題上，最好雙方能意見一致，但是，如果要商量，妻子應該有否決權。」

　　年輕人恍然大悟，回家對妻子說：「你喜歡怎麼佈置房間就怎麼佈置吧，這是你的權利，隨你的便吧！」

　　妻子大為吃驚，幾乎不敢相信。年輕人解釋說是一個禪師開導了他，他百分百地錯了。

妻子非常感動，後來兩人言歸於好。

·道破禪機·

擁抱彼此的差異

喜歡相同，排斥差異似乎是人類擺脫不掉的劣根性，所以才有了那麼多的爭論與戰爭。然而人人生而不同，世界上沒有兩片完全相同的樹葉。朋友如此，戀人亦是如此，相處越久發現彼此的差異越多，如若一味地排斥對方，與對方爭執不下，除了傷害彼此的感情，毫無益處。愚笨的人會因差異而煩惱，聰明人往往有一種雅量，欣然接受差異，擁抱差異。

有位女士說：「婚前我和先生交往時沒有清楚地認識對方，婚後和他相處才發現我們之間原來有很大的差異，所以在婚姻裡衝突不斷。」

而另一位女士說：「我沒想到我的先生和我有那麼多的不同，和他在一起，讓我領略到更多新鮮的思想和活法，簡直開心死了！」

這兩位女士面對的情況一樣，但看法卻截然不同。前者太過於堅持自我，而排斥其他，不懂得用欣賞的眼光看待差異；而後者則一路領略不同的風景，在差異中擁有見識和快樂。無疑，後者的家庭生活中快樂要比前者多得多。

那個裝修房子的年輕人，起初認定自己是正確的，排斥一切與自己不同的看法，結果兩人發生了爭吵。儘管後來經過禪師的開導，他作出了讓步，但是他如不能具有一

種雅量，日後還會有新的煩惱。

擁抱彼此的差異，要有雅量。這種雅量不是裝出來的，而是在骨子裡接受與自己不同的事物，凡事抱以欣賞的態度，而不是盲目地排斥。

如果一個人能培養出這樣的雅量，就不會一看到愛人和自己意見相左就鬱鬱不快了。

有一個青年，他很小的時候，母親就告訴他，「這世界上沒有真正不好看的花，只有不會欣賞的人。」他把這話記在了心裡，無論看待什麼都持一種欣賞的態度，不光自己每天快樂，心胸也與眾不同。

後來，他長大了，娶了一個妻子。

妻子與他不同，從小嬌生慣養，最看不慣別人反對自己的意見。青年知道她的脾氣，處處讓著她，哄著她，自己也不往心裡去。

有一次妻子找不到家裡的鑰匙，而年輕人正好去了外地。當時，妻子斷定鑰匙是被住家附近的工人偷走了。

她打了長途電話給丈夫，但丈夫知道她的粗心，一再地要她確定，是否真的沒有掉在家裡的某個角落。

妻子見丈夫不相信自己，有些生氣，在電話裡大聲喊：「絕對是放在腳踏車的籃子裡被偷走的！」經過討論之後，只好決定更換所有大門的鎖，為了安全起見，她還換了當時最貴的一種，花了將近一萬塊錢。

青年出差回來後，不死心地在家裡尋找那串鑰匙，他把手伸進妻子那有好幾個口袋的皮包中，左摸右掏。接著妻子也吃驚地聽到一串鑰匙的叮噹聲，那遺失的鑰匙竟然一直都在她的皮包裡！

這次，妻子實在羞愧得無言以對，立刻低下頭說：「你罵我吧！你要怎麼數落我，我都忍著。」但他竟笑嘻嘻地說：「這件事一定有神的美意，我們住在這裡十幾年，舊的鎖早該換了，換了好！」

這個青年，沒有因彼此的差異——一個精明、一個糊塗，而責備或嘲笑妻子。從那天起，妻子的脾氣也漸漸發生了變化。

許多差異是無法改變的，這如同一朵花一樣，你欣賞是它，不欣賞也是它。但你若有一種欣賞差異的雅量，收穫的就是美麗的花和美麗的幸福。

::‧禪林清音‧::

正因為不同，才帶給你無限的新奇與精彩。

10. 雲水僧的壞點子

有位雲水僧雲遊了一輩子，實在走不動了，便在一個山腳下駐紮下來。

一天，一個女士憤憤不平地找到了雲水僧訴苦，她嫌自己的丈夫處處跟她對著幹，什麼事也不曉得謙讓自己，簡直恨透他了，因此決定和他離婚，想問問禪師，她這樣決定合不合適。

雲水僧聽完她的話，想了一會兒對她說：「既然你們已經走到了這個地步，就不要著急了，我勸你以後儘量想辦法恭維他、討好他。當他覺得不能沒有你，並且以為你還深愛他時，你再斷然跟他離婚，讓他痛苦不堪。」

女士聽完，覺得雲水僧不愧為大師，給她出的點子又新鮮又惡毒。

於是，她回去後，一切按照雲水僧說的去做。

幾個月後，女士又回來找雲水僧，說一切進行得很好。雲水僧說：「行了，現在你可以跟他離婚了！」

可是，這個女士卻遲疑了，她說：「什麼？離婚，我才不想呢！現在我從心裡愛我的丈夫，他也更加愛我了！」

雲水僧聽完，哈哈大笑。

多一些讚美和肯定

生活中有許多夫妻鬧離婚，倒不是真的因為感情破裂，而是他們的相處出現了問題。許多人結婚久了，對愛人失去新鮮感不說，還專盯著愛人的缺點看。結果他們彼此越看越不順眼，還時不時地打擊一下對方，說話辦事開始對著幹，有時還故意誇讚別的異性。

這樣下去，夫妻關係會越來越糟，就像那個想跟丈夫離婚的女士一樣，處處覺得不順。

但是，許多夫妻關係往往沒到非要離婚的地步，兩人的感情依然還在，只需要適時地給對方多一些讚美和肯定，就能緩和那種緊張關係，讓彼此更加珍惜對方。

拉利和喬安是一對平凡的夫婦，住在一條平凡的街上的一幢平凡的房子裡。

和別的平凡夫婦一樣，他們量入為出地過日子，盡心盡力地照顧兒女。

　　他們還有另一方面也很平凡──兩人偶爾也吵嘴。他們常談論他們的婚姻出了什麼毛病，應該歸咎於誰。

　　後來有一天，一椿極不平凡的事情發生了。

　　「你知道嗎？喬安，我有個神奇的櫃子。我每次拉開那櫃子的抽屜，都一定找得到我要的襪子和內衣褲，」拉利說：「多謝你這些年來打點得那麼妥當。」

　　喬安翻眼從眼鏡上方瞪著丈夫：「你說什麼呀，拉利？」

　　「沒什麼，我只是要你知道因為那些神奇的抽屜，我要感激你。」

　　拉利已不是第一次幹怪事了，因此喬安並沒有放在心上。但兩三天之後，又發生了另一件事。

　　「喬安，你這個月在帳簿上記下來的支票號碼，並不是完全沒有錯。16次記對了15次，但還是很了不起，謝謝你！」

　　喬安簡直不相信自己的耳朵，於是放下正在做的針線，抬頭問：「拉利，你總是怪我記錯支票號碼，現在為什麼不挑剔了？」

　　「不為什麼。我只是要你知道，我感謝你那麼費神。」

　　喬安搖了搖頭，繼續做她的針線，喃喃自語說：「他搞什麼鬼？」

　　儘管如此，第二天喬安在雜貨店開支票時，不禁多看了支票簿一眼，以確定自己沒有把號碼記錄錯。

「為什麼我忽然對那些支票的號碼在乎起來了？」她在心裡問自己。

她竭力想忘掉這件事，可是拉利的態度越來越古怪。「喬安，這頓晚飯好吃極了，」一天晚上他說，「你辛苦了，謝謝。如果細算一下，這15年來，你少說也為我和孩子做過14000頓飯吧？」

然後他又說：「喲，喬安，這房子真乾淨，你一定花了好大功夫。」

他甚至還說了：「喬安，像你這樣子真好，能跟你在一起我簡直可以說是開心極了！」

喬安越來越發愁。「他那些尖酸刻薄的話到哪兒去了呢？」她在心裡嘀咕。

14歲的女兒雪麗證實了不是她多疑，她丈夫確實有點不對頭。

雪麗說：「他剛才還稱讚我好看呢。我這副德性，衣服這麼邋遢，他竟然那麼說，他到底出了什麼毛病？」

拉利一直沒有恢復正常。他一天到晚不停地稱讚別人。如此幾個星期，喬安漸漸習慣了她老伴兒的蹊蹺態度，有時甚至還勉強地回他一聲「謝謝你」。

她對於自己能從容自若很感自豪，但後來有一天，發生了一件稀奇得使她方寸大亂的事：「我要你歇一歇，」拉利說，「我來洗碟子。請放下煎鍋，離開廚房。」

喬安停了好一會兒才回答說：「謝謝你，拉利。多謝你！」

自此之後，喬安的腳步輕快了些，自信心也強了些，偶爾還會哼一兩句歌。

　　她似乎覺得自己的心情也不再憂鬱了。「我實在喜歡拉利的新態度。」她心想。

　　多一些讚美和肯定對任何人來說都很容易做到，但只要你做了，你和愛人的關係不僅會比以前更好，還會讓對方覺得越來越愛你，更捨不得離開你。

‥禪林清音‥

　　以愛為出發點，去欣賞他人的優點，進而讚美他，最後捕獲他。

第七篇　生活五味　嫣然面對

1. 包香菇

　　有一個老和尚教一個小和尚保存香菇，老和尚教小和尚把一個個香菇用一個個塑膠袋子包裝起來。小和尚不知其理，心想：師父這樣做真麻煩，吃的時候豈不是還得一個個打開。但他還是按照師父的要求做了。

　　一轉眼，秋天到了，師父要小和尚拿出以前儲藏好的香菇來吃，小和尚聽從師父的吩咐跑去拿。

　　一會兒，他急急忙忙地跑了回來，對師父說：「師父，不得了啦，不得了啦，香菇腐爛了，不能再吃了！」

　　師父不急不忙地說：「你再去打開其他的看看。」

　　小和尚又跑去拿，這一次小和尚笑嘻嘻地對師父說：「這一筐香菇只有幾個是壞的，其他的都是好的，都能吃。」

　　這時，師父借這個事情對小和尚說：「人生也是一籮筐的矛盾果，只要用心把一個個矛盾果像包香菇那樣用塑膠袋包起來，那麼局部的挫折、失敗並不影響獲得更大的成功，就像一籮筐的香菇只有幾個是壞的，大部分還是好的，是能吃的。」

給愛加層保鮮膜

香菇用塑膠袋包起來，能起到防腐保鮮的作用，人生的矛盾也可以包起來，不讓它影響到全域。那麼，愛情能否也加層保鮮膜，使它永遠保持新鮮，不會在歲月蹉跎中「腐爛」呢？

下面的故事告訴我們，答案是肯定的。

小倆口，有了孩子之後，他們開始了分床而居的生活。白天對工作疲憊而緊張的招架，晚上對孩子單調而忙亂的操勞，使二人之間的話越來越少。

「我有個鄭重的要求。」女人首先意識到了他們之間潛伏的危機。一天，她對男人說。

「什麼要求？」男人漫不經心地問。

「每天抱我一分鐘。」

男人看了女人一眼，笑了：「有必要嗎？」

「我提出了這個要求，就證明十分有必要；你發出了這個疑問，就證明更有必要。」

「情在心裡，何必表達？」

「當初你要是不表達，我們就不可能結婚。」

「當初是當初，現在不是更深沉了嗎？」

「不表達未必是就深沉，表達了未必就矯飾。」

兩人吵了起來，最後，為了能早點平息戰爭，上床安歇，男人妥協了。他走到床邊，抱了女人一分鐘，笑道：「你這個虛榮的傢伙。」

「每個女人都會對愛情虛榮。」

此後，每一天，他都會抽出個時間抱她一會兒，有時是一分鐘，有時是十分鐘，有時甚至是一個或幾個小時。多次抱過她後，他都會開玩笑說：「我又完成今天的任務了。」

「愛的任務是幸福的任務，總有一天你會明白。」女人說。

漸漸地，兩人的關係充滿了一種新鮮的和諧。在每天擁抱的時候，雖然兩人常常什麼也不說，但這種沉默與未擁抱時的沉默在情境與意味上是有著天壤之別的。

終於有一天，女人要到一個很遠的地方去長期進修。臨上火車前，她對他說：「你終於暫時解脫這個任務了。」

「我怕我會想念這個任務呢。」男人笑道。

果然，她到學院的第二天就接到了他的電話：「愛的任務是幸福的任務，我明白了。」男人的聲音在電話裡異常溫存。「每天我都要打一個一分鐘的電話給你，就像我每天一分鐘的擁抱。你可以接，也可以不接，只要你聽到那鈴聲，想到我，我就滿意了。」

女人的眼睛頓時溢成了兩汪深深的泉。

的確，對於相愛的男女來說，激情飛越的碰撞之後，婚姻質樸得如一位村姑。人們常常以「平淡是真」為藉口，逃避對長久擁有那份感情的麻木和粗糙，卻不明白，如果我們像小沙彌包香菇那樣給愛情加層保鮮膜，那麼，放在我們掌心和胸口的愛情，即便會有些變淡，又怎會全部「腐爛」呢？

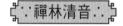

禪林清音

愛和許多東西一樣容易腐爛，它需要保鮮。

2. 信與不信

大唐鼎盛時期，淨土宗與禪宗並立。有淨土宗的學僧跑來向禪宗大師慧忠國師問法，說：「經書上云『青青翠竹盡是法身，鬱鬱黃花無非般若』，也就是說萬事萬物都有佛性。不知大師是如何認為的呢？」

慧忠國師回答道：「《華嚴經》云：『佛身充滿法界，普現一切群生前。』翠竹既不出於法界，豈非法身？又《般若經》云：『色無邊，故般若亦無邊。』黃花既不越於色，豈非般若？」

學僧聽他引經據典，輕鬆化解了自己的難題，心中不服，再問道：「是信這句話的人對呢，還是不信這句話的人對呢？」

慧忠國師提升到更高的意境，答道：「信者為俗諦，不信者為真諦。」

學僧大驚道：「不信者應該是邪見，禪師怎可說是真諦？」

慧忠國師答道：「不信者自不信，真諦自真諦。佛祖以生為苦，眾生以生為樂。原因何在？不同的人有不同的參悟境界。你該信眾生還是信佛呢？」

學僧低下頭，沉思起來。

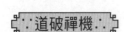

別迷信幸福專家

「不同的人有不同的參悟境界。」在國師看來,佛陀的話有時也要區別對待,那麼時下流行的所謂愛情專家、婚姻專家的話又有幾分可信呢?

這裡,並不是想貶低幸福專家的水準,而是想提醒人們,不同的人會得出不同的見解,完全聽從那些看似有道理的建議,可能會讓你陷入迷茫。有這樣一個故事,恰好說明了這個道理。

有對夫妻又吵架了,結婚三年來,這到底是第幾次,誰也不記得了。不過令女人不能容忍的還不在次數,過去兩人吵架都是關在房間裡,絕不走露風聲,這一次竟然門窗大開,誰都毫不顧忌。女人認為這不是個好兆頭,一想就感到害怕。

從第一次吵架,她心裡就隱約閃現過「離婚」兩個字,也曾聽說幸福之家是吵架聲比鄰居低一些的家庭,因此她從沒有把這點小彆扭放在心上。

這一次不一樣,因為產生了質的飛躍,再說她已經找到了離婚的根據。那天晚上,他倆開始了吵架後的冷戰,在咬牙切齒和無所適從中,她從床頭拿起一本雜誌,發現上面有這麼一句話,並且是位專家說的:「一棟因地基沒打牢而出現裂痕的房子,是修補還是拆掉?一樁破裂的婚姻,是維持還是摧毀?修補瀕於破裂的婚姻比摧毀它要困難得多。」

女人恍然大悟，他倆又吵架了，這次她把「離婚」二字明明白白地提了出來，並且很堅決地到法院遞了申請，因為這椿婚姻已是一棟危房。

　　在等待判決的日子裡，女人百無聊賴，別人下班回家，她在辦公室閑翻報紙。於是，她又看到一段話，也是位專家說的：「婚姻是一件瓷器，做起來很困難，打碎很容易，然而收拾好滿地的碎片更是件不容易的事情。」

　　女人的心好像是被鞭子輕輕地抽了一下。是啊！三年裡，他的習性，他的嗓音，他特殊的暗示，都已深深地印在心中，分離後，這些記憶的碎片該如何清理？

　　女人一下子糊塗了，她真的不知危房理論和瓷器學說哪一個更正確。第二天，她悄悄地跑到法院把離婚申請要了回來。她想權衡一下再說。

　　在左右搖擺的日子裡，她又看到許多不同專家的理論。比如道路派說：「離婚不一定能找到幸福，但至少找到了一條通往幸福的路。」比如缺憾派說：「失去的都是寶貴的，誰都不能保證未來的伴侶在任何地方都勝過原來的戀人。」並且得出驚人的結論：「日後，即使新的伴侶有一點缺憾，也將是你痛苦的源泉。」

　　女人幾乎被些這理論擊垮了，她不願再在辦公室待下去了。當她不由自主地走回家時，丈夫已經虛門以待，她倒在丈夫的懷裡，任淚水肆意地流淌，他們足足親吻了一刻鐘。第二天，她就把剪的報紙連同那本雜誌一同扔進了垃圾筒裡，她覺得她已不再需要任何婚姻理論了。

　　的確，愛情、婚姻本身就不需要什麼理論指導，因為有一千個男女，就有五百種問題。學會遵從自己內心的感

覺，別迷信幸福專家，坦然看待你所遇到的所有難題，你會發現，許多問題其實都沒有專家講得那麼複雜，憑藉自己的智慧就可以輕鬆解決。

··禪林清音··

千般佛自有千本經，真正悟道的人只念自己的經。

3. 挨餓的小和尚

一天，寺院裡來了一個小和尚。這個小和尚家世很好，從小任性，父親擔心管教不好他，只好送到寺裡當小和尚，並與方丈商量好，待他成年後讓他還俗。

老方丈安排他和那些從小貧窮的小和尚生活在一起。可他晚上睡覺時，受不了其他小和尚的呼嚕聲，有時還會被枕頭旁的老鼠嚇醒。吃飯時，他總嫌清湯淡飯沒有味道，老嚷嚷著要吃肉，惹得其他小和尚都笑他。

最後，他只好寫信告訴父親，希望把他接回去。父親回信說，等他成年後就可下山了。沒辦法，他只好去請求仁慈的老方丈。可老和尚只問了他一句：「為什麼別的小和尚沒有跟我抱怨過啊？」

求助無門，任性的小和尚打算用絕食的辦法來應對眼前的「困境」，他覺得他父親一定會很心疼他，把他帶回去的。誰知，老方丈早已封鎖消息，他寫的信無法傳達給父親。大約餓了兩天兩夜，小和尚終於受不了了。半夜裡，他跑去了廚房，結果發現那裡除了一缸水、一些青菜和生米外，什麼都沒有。其實，老方丈早已料到他走這一

步，已經把所有能吃的東西都轉移走了。

無奈之下，他只好在廚房裡坐到天亮。等第二天師兄來做飯時，他一個勁地幫忙填柴，還老問快熟了沒有。最後，好不容易熬到飯煮熟了，他打算撈一碗先吃。

這時，老方丈進來了，問他：「你不是決定不吃飯了嗎？」

小和尚低下頭不知道說些什麼，直到方丈離開，他才趕緊撈飯吃。那一頓飯，讓他覺得特別特別香。

‧‧道破禪機‧‧

製造的「傷害」

常言道「身在福中不知福」，許多人其實倒不是真的不知福，只不過他已經習慣和接受了那種福分，體會不到失去福的失落感了，所以才會麻木而不惜福。只有突然撤走他所習慣的福，他才會痛苦、蘇醒。

那個初入寺門的小和尚就是如此。他從小習慣了優越的生活，真進了寺裡，過起了艱苦的生活才知道痛苦。自作聰明的絕食卻讓他嘗到了挨餓的滋味，正因為如此，他才會覺得那頓飯特別香。

身處幸福愛情中的人也容易麻木，許多結了婚的男人，很容易把家裡的老婆當作一般人而不珍惜，還總覺得外面的女人如何具有吸引力。直到他的老婆真的撒手不管他時，他才想起原來自己的老婆也那麼迷人、那麼重要。

對於丈夫的忽視，有些聰明的女人很懂得給他製造些「傷害」，讓他有種失去老婆的危機感，從而喚起他的重

視和珍惜。

結婚三年的她，就是那種被丈夫忽略的女人。三年來，她每天比丈夫早起半小時，為他做好飯，一同吃完飯才各自去上班。平時家裡的衣服也都是她洗，丈夫頂多在週末的時候陪她一起打掃一下房間。但是每當她提出一起逛街時，丈夫總是一臉不樂意。有時好不容易說動丈夫一起上街，卻發現丈夫的眼睛不時地朝年輕女孩子身上瞄來瞄去，儘管她知道那是男人的本性，丈夫也不過多看兩眼而已，但心裡還是覺得不舒服。

有一天，她借著上網的機會，和大學同學聊起了自己的煩惱。沒想到那個男同學非常樂意和她探討這種話題。最後，他們商量出一套讓丈夫學會知福、惜福，重新重視她的方案。

從那天起，她不再每天早起做飯了，而是和丈夫一樣睡到不得不起床的時候。自己頂多在路上買點早餐，在辦公室裡解決。衣服也不再每天洗了，一直堆到週末，就全部收起來送到洗衣店去。而她每逢週末，就打扮得漂漂亮亮地和那個男同學一起去看電影。

兩週下來，她的丈夫開始埋怨她：「你每天不做早飯，衣服送到乾洗店，週末就出去一整天，你都在忙什麼啊？」

她則理直氣壯地反問：「結婚三年了，你做過幾次早飯？衣服洗過幾回？週末你不愛陪我逛街，我自己出去玩怎麼了？再說了，我只不過和以前的大學同學敘敘舊，又沒怎樣！」

她一邊說著，一邊給那個同學發了一條很簡單的短

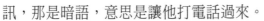

訊，那是暗語，意思是讓他打電話過來。

果然，正等丈夫要發飆的時候，她的手機響了。她接起電話很溫柔地說：「怎麼？一會兒要去看演唱會？好啊，你訂好票了？好，我一會兒就出門！」掛完電話，她立刻去換衣服，然後穿上高跟鞋摔門而去，絲毫不理他的憤怒。

而此時，丈夫已經從吵架中醒來，他想看看老婆到底和什麼人約會去了。於是，他遠遠地跟在了後面。而聰明的她早已發現丈夫的跟蹤，她在短信裡繼續和同學探討著怎麼給他來點更大的刺激。

等她和同學見面以後，兩人居然牽起手來，當她丈夫看到那一幕時，蹭地從後面冒了出來，他打算抓個現行。誰知，她和同學一起回過頭來衝著他笑，笑得他莫名其妙。這時，她的同學說：「現在知道在乎老婆了吧？還給你，我和她故意演戲給你看的！」

他聽完後，轉怒為安，又有些不好意思起來。那天以後，他越來越覺得自己的老婆早該疼疼了。雖然老婆那次有意製造的「傷害」沒有真正傷害到他，但他從那場戲中發現，自己的老婆依然那麼迷人，那麼值得他好好去珍惜和愛。

雖然製造的「傷害」才會讓你的愛人從中蘇醒，學會惜福。但真正要製造這樣的「傷害」，還是要把握好分寸，千萬別弄巧成拙，否則後悔晚矣。

·禪林清音·

縱使受傷害，也是一種幸福，雖然這種幸福有點痛。

4. 虛幻之城

很久以前，印度某地有一個大寶城，裡面的建築全是由七種非常稀奇珍貴的寶物造成的，城中的寶物更是數不勝數。

雖說有這麼一處好地方，但前往該地必須耗費很長時間，而且道路崎嶇艱險。這條道路又遠離人煙，其間既無一滴水可喝，又寸草不生，除了成群兇暴的獸類以外，什麼也沒有。對於打算前往的人來說，真是一個充滿艱險的旅途。

一天，一群商人聯合起來，計畫要經過這條險路，前往那個充滿珍寶的城市。他們當中有一人，聰明機智，見多識廣，對於險途的地理情況十分熟悉。於是大家一致推舉他做嚮導，以引導他們安全到達目的地。

雖然如此，走了一段時間後，這一隊人在艱難萬狀的旅途上飽受折磨，忍不住對嚮導說：「我們都疲憊不堪，再也走不動了。然而，路途還很遙遠，我們想就此折回。」

他們說到這裡，果然停止不動了。嚮導心想：「好不容易才來到這裡，竟想放棄曠世珍寶，半途而廢，實在可惜。」

於是他大顯神通，很快在前方路旁搭建起一座大城，然後對那群疲憊的人說：

「諸位千萬不能這樣喪氣，你們看見對面那座城了嗎？不妨進城好好休息，待體力復原後，探查藏寶的地

方，然後要麼尋寶，要麼回鄉，豈不是更好？」

那群疲憊萬分的人聽了嚮導的話，頓時恢復了精神。瞭望前方的城池，他們都欣然表示：

「我們看見前面的城堡了，那的確是可以消解疲勞、充分休息的地方。」

一行人一面發出歡呼聲，一面走進城去。

走進城來，他們發現城裡有各種不同的建築物，四周環繞著花園、綠樹、池塘和水溝，在高殿裡還有許多年輕男女在玩樂。他們在歡欣之餘，再也不想克服困難，前往目的地了。

嚮導看見他們的疲累消失，精力完全恢復，就馬上撤除了這座虛幻的城市，他對商人們說道：

「諸位，我們趕緊啟程吧。這座城池只是讓你們暫時休憩的地方，是我臨時建造的方便城。現在離藏寶的地點不遠了，大家快提起精神上路吧。」

這群已經恢復了體力的商人，欣然聽從了嚮導的話，個個精神抖擻，勇敢地突破險道，馬不停蹄地邁向了目的地。

‥道破禪機‥

坦然面對情感的間歇

尋寶的商人因長途跋涉而疲憊不堪，但那座虛幻之城卻給了他們繼續前進的動力。

許多結過婚的人都體驗過激情過後的平淡和油鹽醬醋的乏味。這就是情感的間歇，它如同旅途的疲憊一樣不

可避免。對於這段不痛不癢的日子，許多人都感到無奈，甚至疲憊。愚蠢的人會在這時候選擇離婚，但過後深感後悔；而聰明的人則會坦然面對，且弄一座「虛幻之城」，讓彼此重新點燃激情。

瓊已經結婚25年了。她時時感到和丈夫幾乎成了一個人：思想、經歷、觀點和處理事情的辦法已經完全融為一體。

有時瓊會奇怪，在這25年間，她究竟都為他做了些什麼，而他又做了什麼，讓他們互相不能割捨。他不是個興趣廣泛的人，只是偶爾和不多的好友一起散散步，釣釣魚；瓊也並不是個脾氣溫順的女人，每一兩個星期中都要有一次把蔬菜扔在他身上，怒氣衝衝地告訴他，她不喜歡總吃同樣的食物。現在，瓊第一次想到，他是否知道她有什麼煩惱，是否想過什麼辦法為她解憂？

丈夫從烤架上拿起最後一個漢堡包，問瓊想不想吃。

「你知道，理查給利絲買了一枚貴重的鑽戒，利絲給理查買了一件長毛皮大衣。」瓊說。

「住在這麼熱的地方，毛皮大衣有什麼用？」他笑著回答。

他開始收拾東西，瓊看著他。他們一起經歷了兩次經濟危機，3次流產，住過5所房子，養育了3個孩子，用過9輛汽車，有23件傢俱，度過7次旅行假期，換過12種工作，共有19個銀行存摺和3張信用卡。

瓊給他剪頭髮，掖好過33488次右邊的襯衣領子；瓊每次懷孕時，他就給她洗腳；有18675次在她用完車後，

他把車子停到它該停的地方。

他們共用牙膏、櫥櫃，共有帳單和親戚，同時，他們也相互分享友情和信任⋯⋯難道這就是他們在一起生活了25年的一切？

他走過來，對瓊說：「我給你準備了一件禮物。」

「什麼？」瓊驚喜地問。

「閉上你的眼睛。」

當瓊睜開眼睛時，只見他捧著一棵養在泡菜罈子裡的椰菜花。

「我一直偷偷地養著它，叫孩子們看見，就該把它毀了。」他樂滋滋地說，「我知道你喜歡椰菜花。」瓊緊緊抱住他，感動地流下了眼淚。

一顆愛情的椰菜花就給平淡的生活帶來了新的喜悅和感動，正處於情感間歇的你又有什麼好迷茫無助的呢？只要花上一點心思，你們的婚姻又會重新燃起激情。

˙˙禪林清音˙˙

山不轉路轉，境不轉心轉，心轉花自開。

5.　王妃與盜匪

很久以前，有四位王子娶了四位王妃。後因他們輕毀國王而被驅逐出境，四王子便帶著王妃們離開故土前往一個偏僻的地方。路途中因眾人將口糧耗盡，幾位王子便商議道：「我們現已糧盡水絕，不如乾脆將我們妻子依次殺而食之，吃掉她們才能走出此地，就將她們肉的作我們的

口糧吧。」

四王子中有一薩嘎王子，他本為一寧捨生命亦不殺害其他眾生之人。聽到其他王子如此議論，他便想帶自己妻子逃離此處。念頭一生，他便當機立斷帶著妻子踏上了逃跑之路。

一路走來已無吃無喝，妻子有氣無力說道：「我已體力難支，可能馬上就會餓死。」王子聞言心中暗想：我定要救其性命，不讓她死去。想畢就將自己大腿肉割下餵與妻子，又割破手腕脈管令其喝足自身鮮血。

待她體力恢復後，二人就居住於一山腳下，以淨水、野果等飲食享受清淨生活。

山下有條河流蜿蜒而過，河中有一盜匪整日淒慘哀號，因他遭受刑罰，手腳均已被砍斷。被人扔進河中後僥倖大難不死，但因痛不欲生故而放聲慘叫。

王子聽到後心生悲憫，他將盜匪從水中救出後，匪徒便將自己境遇向王子滔滔傾訴。王子就日日以水果、野菜精心調養盜匪身體，後又將照顧此人之責任交與妻子。在二人調養下，盜匪身體漸漸復元，王子對他非常關心，經常與他交談，詢問他身體狀況。

日子久了王妃對這位手腳已成殘疾之人似乎多少產生了些愛慕之意，她有一日竟欲令其與自己行不淨行。盜匪不安地回絕道：「你丈夫將我從死亡邊緣救出，如我對你有不軌舉動，他定會將我殺死。」而王妃則一直再三慫恿、請求，最終盜匪便與王妃做下了不淨行。

孰料王妃竟因此而貪心大長，盜匪一直想讓王妃回到王子身邊，但王妃無論如何也不願回去。殘疾盜匪對王

妃說道：「所有仇恨中，因女人而起之感情上的仇恨最強烈。我們如此行為不軌，後果恐怕不堪設想。」王妃亦覺此人所說言之有理，但在貪心鼓蕩下，王妃還欲為發洩貪慾另覓途徑。

一日，王妃上山後便用衣服蒙住頭，睡在王子來回必經之路上。王子看她以衣裹頭，便為其拿來水果，同時問她原委。王子妻子此刻撒謊道：「我今日頭痛欲裂、痛苦萬分。」王子急忙問她有甚良藥可治癒，王妃回答說：「我曾見崖窠內有一石蕊，以前我頭痛時，醫生說石蕊對治癒頭痛有益，得到它就能治好頭痛頑疾。」王子急忙說：「既然石蕊能治癒頭痛，那我們就快去尋找。」

這女人就以詐行將王子吊在繩子上，自己則拉住繩子一端將王子慢慢向崖窠放下去。結果至一定高度、快要接近石蕊時，她突然鬆開繩子，王子立刻墜入河流中。

王子後被水流沖至另一國家，當地國王雖已去世，但卻無太子繼承王位。眾大臣便商議道：「具有福德之人才能繼承王位。」眾人便去一婆羅門看相者那裡詢問，看相者即透過占卜看到薩嘎王子正處於其國之中，婆羅門看相者了知此人乃有福德之人，於是便將詳細情況告訴諸位大臣，讓他們迎請此人當國王。

王子隨即當上這個國家的新國王。登上王位後，眾大臣、其他國家國王、富裕之人等等都將各自以珍寶裝飾之女兒送來，請求能做王妃。但國王已對女人心生厭煩，他一個都未接受，並一直對女人持輕毀態度。

那忘恩負義的王妃將丈夫摔下河中後，當地野菜、水果等食物便日漸萎縮。王妃與殘疾盜匪因饑餓所迫便到別

處謀生。王妃身背殘疾者到處漂泊。後至一路口時，有人問她：「你背上是何人？」她回答說：「我背著我丈夫，對自己丈夫我一直是精心照料。」二人不管走到哪裡，眾人都多少給他們一些佈施。兩人後來也漂落到王子當國王之地。人們看到一女人背著丈夫深覺稀奇，便常常圍觀，且議論道：「我們國王輕毀所有女人，大概是未見到對自己丈夫如此疼愛之女人所致。」

此種議論漸漸傳至王宮，國王便對手下說道：「如真有這種女人，請將她帶過來。」於是二人就被帶至國王面前。國王一見不覺微笑說道：「食我大腿肉，喝我身上血，現背殘疾者，真愛丈夫否？為採集石蕊，將我拋下山，又背殘疾者，汝真愛丈夫？」

國王說完，女人羞愧地低下頭。

大臣不解此中緣由，國王就向他們解釋了一番，大臣聽罷就用粗重言詞將二人驅出城門。

別讓一時放縱毀掉一生的幸福

把持不住自己的王妃一時放縱，最終遭到了逐出城門的懲罰。外遇是一種誘惑，由於客觀上距離的作用和心理上神秘的幻想，外遇彷彿一束晨霧中的花，對人充滿了誘惑。而相比之下的婚姻則似乎顯得單調枯燥毫無浪漫可言，而且瑣碎甚至庸俗。

娟和丈夫是經人介紹的，沒有太多瞭解就結婚了。婚後的甜蜜只維持了幾個月，她很快就陷入了失望——他

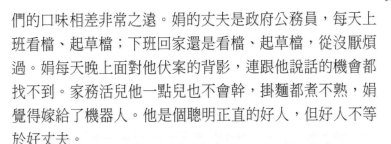

們的口味相差非常之遠。娟的丈夫是政府公務員，每天上班看檔、起草檔；下班回家還是看檔、起草檔，從沒厭煩過。娟每天晚上面對他伏案的背影，連跟他說話的機會都找不到。家務活兒他一點兒也不會幹，掛麵都煮不熟，娟覺得嫁給了機器人。他是個聰明正直的好人，但好人不等於好丈夫。

　　娟渴望有個男人像火一般燒灼她，像雷電一樣擊穿她，像海潮一般衝擊她。於是，娟碰到了她的上司。他充滿了男性魅力，熱情、詼諧，帶給娟喜歡的一切——冬天滑冰，春天踏青，夏天游泳，秋天賞紅葉，尤其是一起去咖啡廳，聽音樂會，看芭蕾。

　　娟想過要與丈夫分手，可是就在她要向丈夫說明白的前一個星期，她改變了想法。

　　讓她幡然猛醒的是她得闌尾炎時丈夫和情人不同的態度。那天娟正向上司彙報工作，突然急性闌尾炎發作，上司派人送娟住院動手術。恰好丈夫出差沒回來，手術之後，娟躺在病床上，十分渴望上司能來陪。但上司沒來，娟把上司看得比自己的丈夫重要，而上司竟然連面都不照。丈夫急急忙忙從東北趕回來，白天黑夜地守著，雖然飯菜做得不太可口，卻是他自己親手做的。那時他手裡有一個緊急任務，他就趴在病床邊寫。

　　娟不忍心，讓丈夫回去，丈夫執意不肯：「我不能回去，沒親人在跟前，一旦發生什麼意外是很危險的。結婚這麼多年都是你照顧我，想幫你也插不上手。現在你動不了，我表現的機會就來了。讓我多陪陪你，不然我就是待在家裡心也放不下。」

後來娟跟丈夫坦白了自己和上司之間的事情。丈夫告訴她：其實我早就知道你們之間的來往，但我相信你不會拋棄我的……

娟甚是感動，其實老公一點也不傻，他裝傻正是出於對自己的愛。

娟是幸運的，一場闌尾炎挽救了她的婚姻。但我們可以設想，如果沒有這場闌尾炎，娟就有可能要經歷一場婚變了，而這婚變帶來的將是無盡的懊悔。

千萬別讓一時的快樂毀了終身幸福。婚姻除了彼此的愛，更有一份守信與責任。正如已故著名作家丁玲所說：「輕率地玩弄戀愛，正如玩火一樣，隨時有自焚的危險。如果說戀愛是甜美的酒漿，但隨便亂喝，也會變成烈性的毒汁。」毫無疑問，把配偶的寬宏大量當作軟弱可欺，隨心所欲，置道德於腦後，最終肯定逃脫不了良心、道德與法律的譴責與懲罰。

其實，婚姻不過是給自由設置了一道看不見、摸不著的柵欄罷了。實際生活中，它可能密不透風，也可能半敞著，然而又非要不可。如果沒有這道柵欄，完全敞開著，婚姻也就不存在了。

婚姻的本質決定了男人和女人不可能有越過柵欄的自由。如果你越過柵欄獲了暫時的快樂，那麼你很可能因此毀了終身的幸福。

┌┈禪林清音┈┐

當你因一時情迷而放縱時，就會在短暫的歡樂中失去永久的幸福。

6. 太好了，太好了

　　一個小和尚在廟裡呆煩了，總覺得心情煩悶、憂鬱，高興不起來，就去向師父訴說了煩惱。

　　師父聽了徒弟的抱怨說：「快樂是在心裡，不假外求，求即往往不得，轉為煩惱。快樂是一種心理狀態，內心淡然，則無往而不樂。」

　　接著，他給徒弟講了這樣一個故事：

　　某個村落，有個老爺，一年到頭的口頭禪是「太好了，太好了」。有時一連幾天下雨，村民們都為久雨不晴而大發牢騷，他也說：「太好了，這些雨若是在一天內全部下來，豈不氾濫成災，把村落沖走了？神明特地把雨量分成幾天下，這不是值得慶倖的事嗎？」

　　有一次，「太好了」老爺的太太患了重病。村民們以為，這次他不會再說「太好了」吧？於是，都特地去探望老太太。

　　哪知，一進門，老爺還是連說：「太好了，太好了。」

　　村民不禁大為光火，問他：「老爺，你未免太過分了吧？老太太患了重病，你還口口聲聲太好了，這到底存的什麼心呀？」

　　老爺說：「哎呀，你們有所不知。我活了這麼一大把年紀，始終是老婆照顧我，這次，她患了病，我就有機會好好照顧她了。」

　　講完了故事，師父啟發弟子：「生活在世上，能把壞

事從另一個角度看成是好事，不是很有啟示嗎？只要抱著積極樂觀的態度，面對一切遭遇，就沒有什麼擺脫不了的憂鬱。」

⌈∵道破禪機∵⌋

別為「油鹽醬醋」而煩惱

以「太好了，太好了」作口頭禪的老爺，什麼時候都能把壞事看做好事，這不是自欺欺人，而是永遠看到好的一面的智慧。不像憂鬱的小和尚，永遠看到不好的一面。俗話說「人生之不如意十之八九」，一個人若能活在那不如意的「八九」中，還能以如意的「一」來笑對，那是怎樣一種愜意、灑脫的人生啊！

有對老夫妻，他們一輩子都是笑呵呵的。他們當初剛認識時，就是被對方的樂觀所吸引。當時，他們兩家都很窮，女方的家裡嫌男方家裡太窮，捨不得讓女兒嫁過去受苦；而男方的家裡卻嫌那個女子個子太矮小，不是幹活的料。就這樣，雙方父母都不樂意。

可是父母的阻攔根本阻擋不了他們兩人的愛情。一天夜裡，他們約好一起從家裡逃出來，去遠方過自己的生活。

他們辛苦了幾天幾夜，終於來到一個山腳下。看到滿山的綠樹和清澈的河流，兩個人情不自禁地慶倖自己找到了一塊寶地。於是，他們在那裡搭起了茅草屋。

一開始他們只能捉魚為生，後來終於開墾出一小塊土地，種上了自己帶出來的一點點種子。可沒想到第二天，

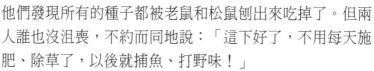

他們發現所有的種子都被老鼠和松鼠刨出來吃掉了。但兩人誰也沒沮喪，不約而同地說：「這下好了，不用每天施肥、除草了，以後就捕魚、打野味！」

在他們上山打野味時，發現許多原來樹是果樹，多不勝數。他們把各種水果採集下來，清洗乾淨，背到山下的集市賣，換回一些大米。在回來的山路上，兩個人互相替換著背大米，沒想到妻子摔了一跤，米袋子脫手滾落到山下去了。

丈夫看了，不但沒有責備她，反而對她說：「這下好了，我們又可以去山上採果子了，想起那滿山的果樹，我就高興得不得了。」

妻子被他樂觀的情緒所感染，也高興起來。

兩人又爬回山上採水果，這回他們爬得更高，好像採到一種像樹根一樣的東西。等拿到集市上賣時，有個商人給了他倆二兩銀子，把丈夫樂壞了。這時候一個旁觀的商人說：「那是人參，值二十兩銀子。」

丈夫覺得有些虧，妻子卻說：「只要夠買幾袋米吃，就可以不用種莊稼了啊！」

丈夫也樂起來，是啊，他們那塊土地根本種不成水稻，種上了也會被松鼠吃掉。

後來，他倆生下一個孩子，是個女兒。妻子有點不高興，她也知道丈夫想要個兒子。沒想到丈夫卻說：「女兒是媽媽的小棉襖，以後幫我們一起洗衣做飯，那多快樂啊！」妻子一聽也快樂起來。

後來，他們的女兒長大了，卻在他們下山賣水果時，被土匪搶走了。妻子難過地想哭，丈夫卻說：「女兒

那麼聰明，說不定，還給咱們帶個女婿回來呢！」

果然，三個月後，女兒帶著一個男子回來，說是自己的丈夫。原來，那個土匪早就想成家了，可惜自己的身份沒人敢嫁。但女兒同意嫁給他，條件是他必須孝敬父母、不再當土匪。

土匪娶到那麼一個年輕貌美的女人，自然同意了。從那以後，小倆口和岳父岳母一起生活，還給他們帶來了幾隻羊和一頭牛，並給他們開墾出一片莊稼地，晚上讓貓給看著。

那一年，他們收穫了自己的莊稼，女兒還給他們生下一個白白胖胖的外孫。

但是，就在孩子出生那天晚上，他們家的羊全被狼吃了。

女婿非常傷心，岳父卻說：「今天喜得貴子，咱們本來就該宰羊，讓親戚朋友來慶賀一下。這下羊被狼吃了，就省得宰它們了，反正也沒什麼親戚朋友來。」

女婿一想也是這麼個理，抱著兒子樂起來。

後來，老太太過世了。女兒、女婿非常擔心老人傷心過度，沒想到老人卻說：「老太太是想家了，她也該回去看看了，過幾年我也回老家看看去。」

結果，沒幾年，他也要「回老家」去了。臨死前對女兒女婿說：「把我和老太太葬在一起，我倆還要在陰間過快活的日子呢。」

這對夫妻，一生可謂辛苦，被迫私奔、種子被吃、丟米、低價賣人參、女兒被搶、羊被狼吃……但他們從來沒為什麼事真正發愁過。如若拿他們的生活和我們當下的

生活對比，每天那點油鹽醬醋的小事又有什麼值得煩惱的呢？

男女鬱鬱不得閒，哪有詩意度餘年。若以淨心笑對月，日日歡樂事無煩。

7. 慚愧的禪師

浙江奉化雪竇寺的開山祖師妙高禪師，在妙高臺上靠山的一邊用功修行，日夜不息。但因精力有限，時常打瞌睡。他為了警惕自己別再瞌睡，就移到臨崖的一邊打坐，下面是幾十丈的懸崖山澗，如果打瞌睡，一頭栽下去，馬上沒命。

有一次，妙高禪師忍不住又打瞌睡，真的就這樣栽下去了。他以為這一次一定沒命了，沒想到在半山腰時，忽然覺得有人托著他回到崖上。他很驚訝地問：「是誰救我？」

空中回答：「護法韋馱！」

妙高禪師心想：還不錯，我在這裡修行，居然還有人護法！於是趾高氣揚地問：「像我這樣精進修行的人，世間還有幾人？」

空中答道：「像你這樣修行的人，有恆河沙數之多。因你有這一念傲慢之心，我二十世不再護你的法！」妙高禪師聽了，痛哭流涕，慚愧萬分。他左思右想，倒是想開了：「唉！不管他護不護法，我還是在這裡修我的行。修

不成，一頭栽下去，死了也就算了。」就這樣，他依然坐在妙高臺上修行。坐了不久，又打瞌睡，又一頭栽下去。這次他認為真的沒命了，可是快落地的時候，竟又有人用雙手接著他送上臺來。

妙高禪師又問：「是誰救我的？」

空中答曰：「護法韋馱！」

「你不是說二十世不來護我的法？怎麼又來？」

韋馱菩薩說：「法師，因你剛剛一念慚愧心起，已超過二十世之久！」

道破禪機

適時打擊一下愛人的自負

趾高氣揚的妙高禪師不知道自己幾斤幾兩，十分傲慢，招致了護法的嫌惡，若不是他後來心生慚愧，恐怕早已身落懸崖。生活中常有這種稍微取得點成績，就自以為很了不起的人，但是自視甚高不僅會招致他人的厭惡，還會讓自己摔得更慘。

然而一般的朋友是不會在你風頭正勁時忠言逆耳的，因為害怕得罪你。但身為愛人，當你的伴侶犯下這種毛病時，為了你們生活的幸福，你最有責任讓他或她冷靜下來。若你能夠像下面故事中農夫的妻子一樣，適時地打擊一下愛人的自負，就不失為聰明之舉。

曾經有個農夫，由於莊稼種得好，生活過得很愜意。村子裡的人都誇他聰明，並有人斷言只要他做生意，肯定能發大財。

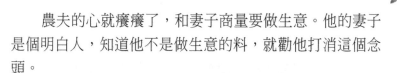

　　農夫的心就癢癢了，和妻子商量要做生意。他的妻子是個明白人，知道他不是做生意的料，就勸他打消這個念頭。

　　但農夫主意已定，妻子怎麼說都不行。見勸說無用，妻子就說，做生意總得有本錢吧，你明天就把家中的一隻山羊和一頭毛驢牽進城去賣了吧。妻子說完就回娘家了，找來三個人，對他們如此這般地叮囑了一番。

　　第二天，農夫興沖沖地上路了。他妻子找來幫忙的人偷偷地跟在他的身後。

　　農夫貪睡，第一個人趁農夫騎在驢背上打盹之際，把山羊脖子上的鈴鐺解下來繫在驢尾巴上，把山羊牽走了。

　　不久，農夫偶一回頭，發現山羊不見了，忙著尋找。這時第二個人走過來，熱心地問他找什麼。

　　農夫說山羊被人偷走了，問他看見沒有。第二個人隨便一指，說看見一個人牽著一隻山羊從林子中剛走過去，準是那個人，快去追吧。

　　農夫急著去追山羊，把驢子交給這位「好心人」看管。等他兩手空空地回來時，驢子與「好心人」自然都沒了蹤影。

　　農夫傷心極了，一邊走一邊哭。當他來到一個水池邊時，卻發現一個人坐在水池邊，哭得比他還傷心。

　　農夫挺奇怪：還有比我更倒楣的人嗎？就問那個人哭什麼。

　　那人告訴農夫，他帶著一袋金幣去城裡買東西，走到水邊歇歇腳，洗把臉，卻不小心把袋子掉進水裡了。農夫說，那你趕快下去撈呀。那人說自己不會游泳，如果農夫

給他撈上來，願意送給他二十個金幣。

農夫一聽喜出望外，心想：這下子可好了，羊和驢子雖然丟了，可能到手二十個金幣，損失全補回來還有富餘啊。他連忙脫光衣服跳下水撈起來。當他空著手從水裡爬上岸，他的衣服、乾糧也不見了，僅剩下的一點錢還在衣服口袋裡裝著呢。

當農夫回到家，驚奇地發現山羊和毛驢竟然還在家中，他的妻子說：「沒出事時麻痺大意，出現意外後驚慌失措，造成損失後急於彌補。你連這些基本的風險都預料不到，又怎麼能在商海裡征戰呢，還是老老實實地在家中種地吧！」

很多自視甚高的人，只有遭受了挫折才能在自負中醒來，農夫的妻子無疑是個運籌「挫折」來打擊丈夫自負的好手。當你發現你的另一半因成就而驕傲自負時，不妨試著給他或她製造些「挫折」讓其重新認清自己，同時你也會被愛人認為是賢內助或好參謀而倍加感激和珍惜。

‧‧禪林清音‧‧

自負很可怕，更可怕的是自負時沒人拍醒你。

8. 籠子與小鳥

一個形容枯槁的女子來到佛陀面前，對佛陀說：「佛祖，我陷入迷途了，請您開示我！」

佛陀很關心她的處境，問道：「女施主如此憔悴，想必是遇上了大難事？」

女子含著眼淚說：「我愛上了一個男子，憑我的財富和地位，可以讓他不像別的男子一樣辛勞就能獲得人們都想要的榮華富貴。我希望他一直呆在我身邊，與我分享一切，可他卻不開心，總想著逃跑，難道我對他的愛還不夠嗎？」

　　佛陀沒有正面回答她，而是給她講了一個故事。

　　一隻籠子和一隻小鳥相愛了。籠子跟小鳥說：「我是一隻籠子，是用來關鳥的那一種籠子。」鳥兒說他知道。

　　過了一會兒鳥兒問籠子：「你會關我嗎？」

　　「我不會，可是，我卻希望你……永遠都在我身邊……永遠都不會離開我。」籠子艱難地回答。

　　鳥兒微笑了，我會的。因為你對我而言，更像一間溫暖的房子，而不是一個冰冷的籠子。不可言喻的幸福充滿了籠子的心。

　　於是籠子和小鳥很快樂地生活在一起。早晨鳥兒會去尋一些小蟲果腹，再自由自在地在藍天上縱情飛翔。傍晚回來，便哼唱起悠揚的旋律，點綴每一個美麗的黃昏。夜深了，鳥兒就依在籠中皎潔的月光裡甜蜜地睡去。

　　可是，有一天，主人發現了睡在籠子裡的小鳥，就鎖上了籠子。

　　籠子心想，這樣小鳥就可以一直跟它在一起了，可是，她失去了自由。失去了自由，愛情還會存在嗎？不會。

　　而鳥兒的愛情，對籠子來說是多麼的重要。籠子不願意看到鳥兒失去自由，更不願意看到鳥兒傷心，也不願失去鳥兒對它的愛。

它深情地看著睡在自己懷裡的鳥兒，含淚說道：「再見了，我的愛，希望來生我們能夠再見。」說完，籠子就四散裂開，輕輕地墜落⋯⋯

女子聽完，頓悟了。

「放養」你的愛人

籠子為了得到鳥兒的愛，給了它足夠的自由，哪怕犧牲自己也在所不惜。雖然故事的結局很傷感，卻道出了愛的真諦──與其讓愛人成為你的私有財產，把他關在自己的「籠子」裡，不如「放養」你的愛人，讓他覺得你那裡是一間溫暖的房子，甘願自己走進來。

生活中有許多人因為太愛一個人，往往會下意識地把他看得緊緊的，抓得死死的，卻忘了這樣「圈養」自己的愛人，不僅自己活得很累，反而更容易失去他。只有懂得「放養」你的愛人，給他自由和信任，自己活得輕鬆不說，還更能贏得愛人的心。

阿芳是一個漂亮妻子，她的丈夫忠實，正派。她常常莫名地苦惱，和他無緣無故地吵。他也不煩，任她吵，然後幫她做飯，把飯端到她面前。她還惱，甚至有次把飯碗也摔了。丈夫還是不惱，對她謙讓著。男人似乎不可能這麼沒脾氣，她產生了一個奇怪的想法，丈夫是不是做了對不起她的事？然後她自己又否定了。

不到一年，阿芳的丰韻被悠悠的恨意銷蝕了，而且得了失眠症。一天，她閑得無聊，隨手拾起女兒的一本漫

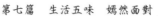

畫書，隨意翻著，看到一則關於章魚的故事。書上說海洋中有一種章魚，本來可以快樂地游動、覓食，但它卻往往會找到一塊珊瑚礁，伸出八隻強大的手牢牢攀住，不肯離開，最後慢慢失去生命的活力，被漁人輕易捕獲。阿芳突然有些頓悟，我像那章魚一樣，把愛情「攀」死了。

阿芳漸漸地變了，變得樂觀開朗起來。丈夫奇怪地問：「以前我想了許多辦法，想讓你高興，都沒成功。現在，看到咱家的空氣裡都飄著快樂，我真高興。你到底找到了什麼秘訣？」阿芳說：「這是一個秘密，不可說。」

愛的頓悟，發生於內在情感與哲理體驗之間，通常只在一瞬間。就在這一瞬間，你抓住了，就釋解了愁緒，排除了煩悶，獲得了一種真正的輕鬆。我們由愛情的狂野期走進愛情的溫柔期，再由愛情的溫柔期步入愛情的溫煦期，都多麼需要這些愛的頓悟呀！

懂得「放養」你的愛人，就是最好的頓悟。

‥禪林清音‥

那一天我打破所有的經桶，不為超度，只為留給你自由和幸福。

9. 畸形的手

有位信徒向默仙禪師說道：「我的妻子慳貪吝嗇，對於好事一財不捨，你能發慈悲到我家去，向我太太開示，行些善事好嗎？」

默仙非常慈悲地答允了。

當默仙到達信徒家時，信徒的妻子出來迎接，但一杯茶水都捨不得端出來供養，禪師就握著一個拳頭說道：

「夫人，你看我的手，天天都是這樣，你覺得如何？」

夫人：「如果手天天這個樣子，這是有毛病，畸形呀！」

「這樣子是畸形！」接著默仙禪師把手伸張成一個手掌，問道：「假如天天這樣子呢？」

夫人：「這樣子也是畸形！」

默仙禪師立刻道：

「夫人！不錯，這都是畸形，對錢只知道貪取，不知道佈施，是畸形；只知道花用，不知道儲蓄，也是畸形。錢要流通，要能進能出，要量入為出。」

這個太太在默仙禪師這麼一個比喻之下，對做人處事和經濟觀念，用財之道，就了然於心了。

∴·道破禪機·∴

與愛人協調好理財觀念

世間上有人過分貪財，有人過分施捨，均非佛教中道之義。慳貪之人應知喜捨結緣乃發財順利之因。不播種，怎有收成？佈施之人應在不自苦不自惱的情形下為之，否則即為不淨之施。

在婚姻生活中，常會有因理財觀念不同而引起的矛盾。妻子覺得這個值得花錢，丈夫覺得那個該省錢；妻子覺得這方面該省錢，而丈夫覺得這方面應該消費。如果都

是些瑣碎的小事倒也無可厚非,但涉及到較大的理財,如果這種觀念不能協調好,達到一種雙方都能接受的結果,恐怕也會給婚姻生活帶來麻煩。

理財其實很簡單,雖然時下裡有許多專家在講,但其根本觀點始終離不開「開源節流」四個字。正如禪師所言:「錢只知道貪取,不知道佈施,是畸形;錢只知道花用,不知道儲蓄,也是畸形。錢要流通,要能進能出,要量入為出。」

有對夫妻,丈夫從小家貧,又是在農村長大,在他看來,年輕時應該注意節制,多把錢攢下來,以備以後有什麼急事大事能夠救急。而妻子從小是獨生女,在城市裡長大,花錢花習慣了,她素來主張有錢就花,沒錢就掙。像丈夫那種活法,她會覺得不痛快,甚至有些壓抑。

觀念的不同,自然導致了他們在理財方面常常發生爭執。買房時,他們就為買大房還是小房爭執不下。丈夫認為應該買個小一點的,可以省出幾十萬塊來備用,而妻子覺得買房子應該買個大的,住著舒坦,錢以後還可以再賺嘛。

最後,經過雙方父母出面,才達成個折中的辦法,買了一個不大不小的房子,女方接受了,省出來的錢不多,但不會一下子拿不出救急的錢來。

後來,他們又發生了關於買車、送孩子出國留學等諸多爭吵,但最後雙方都選擇了退一步,選擇了折中的辦法,一輩子過下來也沒有因為觀念不同引發過大的矛盾。

所以,要協調夫妻雙方的理財觀念,不一定非要一個人妥協,必須聽另一方的。只要雙方在面對這種需要商

量的理財大事時，都能朝著「開源節流」的方向去靠攏，同時也要盡可能地尊重對方的理財習慣，最後求大同存小異，就不會有什麼大的問題了。

協調的藝術就是彼此都退一步的藝術。

10. 富貴的女人

一天，一個富貴的女人找到禪師，請求他化解她的婚姻危機。

那個禪師很想幫她，但她老是說不清自己的婚姻到底出現了什麼問題。

她很驕傲地說：「我比愛人更能幹，經營著一家公司，家裡的別墅是我全資買下來的，家裡有兩輛汽車，一輛是我買的寶馬，另一輛是他貸款買的本田。在別人看來，他娶了我非常幸運，因為有好多男人想娶我這樣的女人。」

「可是，你們的婚姻出了啥問題？」禪師又一次問她。

她遲疑了一下說：「我也搞不清楚，我的秘書是一個女孩，他應該不會懷疑我有外遇。儘管他賺錢不如我，不過我從骨子裡並沒有因此而鄙視他。只不過有時候，我因為忙，回家比較晚，回去時，發現他和孩子都睡著了。給兒子過生日，我很捨得花錢，儘管他老對我說沒必要，可是我樂意花。」

「你還是沒找到問題的根源，是他想離開你嗎？」禪師又問。

「是的，他說過，再過兩年，等孩子獨立了，就和我分開過。我不知道他為什麼這麼想？我給了他很多很多東西，那都是許多男人夢寐以求的。讓我再想想，我唯一覺得對不起他的地方就是，最近三年，他過生日的時候，我沒空陪在他身邊。哦，對了，結婚紀念日，我也忘了，好像明天就是我們結婚十年的紀念日了！禪師，先不說了，我要在他最後離開之前，好好陪他過一天。」這個富貴的女人自言自語著，突然告辭了。

禪師沒有挽留，只說了句：「善哉！善哉！」

·道破禪機·

記住你們最重要的日子

愛情不是物質的充盈，而是精神的富足，因為它的本質就是情感。富貴的女人給愛人提供了許多的物質，卻依然留不住他的心。也許，最後她的選擇是對的，兩個人最重要的日子才是那個男人最在乎、最想要的。

威爾斯本來不打算近幾天給妻子柯拉買任何禮物，但當他看見紅色玻璃水果盤時，不由心頭一動，那幾乎是他見過的最漂亮的水果盤。他心想無緣無故地給她買件禮物肯定會讓她大吃一驚，她太喜歡這一類東西了，不過他自己對這些東西可一竅不通。

「讓我看一下這個吧。」威爾斯對售貨員說。

「好的，先生，您要不要和水果盤配套的水果碟？」

　　他突然想起帶的錢不夠，連忙抱歉地說：「今天不買了，謝謝，以後再買吧。」幾分鐘後，他踏上了回家的路。

　　他們住在一間面積不太大的房子裡。儘管這間房子相當古老，但位置很好。這兒離威爾斯工作的辦公室不遠，在屋前拐彎處，有一個車站，過兩條橫馬路就是大商場，柯拉在那兒幾乎能買到她需要的所有東西。鄰居都非常友好，他們經常一起度過美好的時光。總之，他倆在這兒生活得非常幸福。

　　第二天早上，當威爾斯離家上班時，發現柯拉似乎心事重重。她是一個溫柔、多情的女人。每天，她都要吻別他，說聲「再見」，然後，有點不捨地目送他去上班。可今天她很少說話，只提醒他一定給弗蘭克大伯送去生日卡片。

　　威爾斯問她是不是不舒服。「不是。」她答道。

　　但威爾斯明顯感覺到肯定有什麼事情攪亂了她的心。會是什麼事呢？

　　「晚上回來不要迷路。」她說。

　　「她說這句話是什麼意思？」威爾斯問自己，「算了，人一年四季不可能天天高興。」

　　威爾斯倚坐窗前，眺望車外，心裡還想著柯拉那奇怪的舉動：「是不是我說的什麼話惹她生氣了？不可能，因為如果她不喜歡我說的話，會給我指出來的。既往不咎，一切會好起來的……」

　　一到辦公室，威爾斯就埋頭工作，把柯拉忘得一乾二淨，當他下班路過前一天去過的商店時，驀地想起那個水

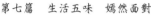

果盤，它肯定能讓她忘掉心中的煩悶。他非常愛她，不想讓這個世界上的任何事情傷害她的心。就他來說，使妻子高興是他的首要責任。

這車為什麼開得這麼慢？威爾斯抱怨起來。他小心翼翼地打開裹著水果盤的紙包，放在膝蓋上獨自欣賞起來。他好像看見妻子雙手捧著水果盤，像小孩似的，高興地跳了起來。一位年輕婦女羨慕地對水果盤看了一眼，然後看了看威爾斯，最後又以責備的目光看著自己的丈夫。

威爾斯心想：對呵，讓你丈夫也給你買一個吧！

下車後，威爾斯興奮地向家裡奔去。當柯拉打開門，接過紙包，高興得幾乎暈過去。他看她身著盛裝，有點異常，良久，才懵懂地說：「你真漂亮！」

柯拉激動得說不出話來，好半天，才喃喃地說：「我還以為你忘了。」

「忘了？」

「看來，你比我記得更清楚，你真沉著，早上走時對今天的日子不露聲色，我不由地傷心起來。現在，我才明白你故意這樣，真會捉弄人。」趁著她打開紙包這個間隙，威爾斯用手捶著頭想，這天究竟是什麼日子？

「噢，真好看，這是我見過的最漂亮的水果盤，哪位妻子在結婚周年能收到比這更好的禮物？」她欣喜若狂地吻著他。

他心有餘悸地接受著她的親吻，不免恨起自己：「今天是我們結婚五周年，我怎麼這麼大意？」

每對戀人、夫妻都有屬於自己最重要的日子，是這些日子帶來了他們生命中的一個個精彩。儘管時光流逝，激

情不再，但是當你們在平淡的日子裡，一起緬懷那些美好的回憶時，不也是一種難得的浪漫嗎？

::禪林清音::

　　愛情不能重新來過，但可以一起緬懷那些浪漫的過去。

第八篇　平安是幸　知足是福

1. 最完美的樹葉

一位方丈想從本門最得意的兩個徒弟中選一個做衣缽傳人。但是，兩個弟子都很努力，而且平時做功課、幹活也都很勤奮，很是不好挑選。

一天，方丈終於想出了一個辦法，於是，他把兩個徒弟叫到跟前，對他們說，你們出去給我撿一片最完美的樹葉。兩個徒弟遵命而去。時間不久，大徒弟回來了，遞給方丈一片並不漂亮的樹葉，對師傅說：「這片樹葉雖然並不完美，但它是我看到的最完整的樹葉。」

二徒弟在外轉了半天，最終空手而歸，他對師傅說：「我見到了很多很多的樹葉，但怎麼也挑不出一片最完美的……」

最後，方丈把衣缽傳給了大徒弟。

道破禪機

別奢求最完美的婚姻

生活中許多人都渴望擁有一份最完美的婚姻，可是無可挑剔的婚姻只存在於戀愛時的遐想，是一種對未來美好

269

生活的憧憬和嚮往。奢求最完美的婚姻就如同尋找最完美的樹葉一樣，永遠也找不到。

因為我們每個人都是不完美的，又怎麼可以要求我們的婚姻完美無暇呢？如果我們一味地奢求婚姻和愛人能盡善盡美地來符合我們內心世界固有的唯美主義標準，並讓我們產生心理上的愉悅的話，那我們只能更多地品嘗到痛苦和失望的滋味。

婚姻本身是一種有缺陷的生活，它之所以令人失望，是因為許多人把婚姻當作一種完美浪漫的理想，而這種理想很快就在柴米油鹽的瑣碎生活中破碎了。

有一個愛乾淨的護士，她喜歡每天洗澡，並催促自己的丈夫也每天洗澡。

然而這樣的要求對於丈夫卻非常難，被催得太急了，乾脆搞起了「非暴力不合作」運動。

在護士看來，丈夫連自己這麼點要求都滿足不了，說明他心裡並不在乎自己的感受，和這樣的男人生活在一起有什麼意義呢？

於是她選擇了離婚，嫁給了一個愛乾淨的醫生。

可是，她又發現，這個醫生雖然每天洗澡，乾乾淨淨，性格上卻有些大男子主義，什麼事都希望自己聽他的，喜歡支配她做事情。她忍受不了這個男人，不喜歡這樣的生活，又一次選擇了離婚。

這次她嫁給了一個斯斯文文的博士，博士很通情達理，又很注意個人衛生，她一開始覺得很滿意。後來，卻在一次去外地旅遊的路上碰上了劫匪，那博士丟下自己就跑了，害得自己只得以命相搏。最後，雖然博士報警，她

也獲救了，可她卻再也不愛那個博士了。

再一次離婚後，她覺得哪一段婚姻都不完美，對婚姻生活徹底失望，選擇了獨身。而她身邊的同事們，雖然這十幾年來，經常為了各種各樣的小事和丈夫吵架，但如今人家的孩子長大了，相互之間吵架的次數也越來越少了，她開始羨慕起人家了。

西方有一句經典的格言：「一個幸福的婚姻，並非取決於完美佳偶的結合，而是來自於不完美的兩方互相樂於彼此之不同，並構成一個完整的新整體。」

其實對於一個女人而言，若能和心愛的男人結婚、生子，即便是有太多的煩惱會纏繞終生，但是婚姻卻是完整的，又有什麼可遺憾呢？家家有本難念的經，當你羨慕人家的時候，說不定人家也在羨慕著你。

若你能像大徒弟那樣放棄完美，不奢望最完美的婚姻，欣然去接受完整的婚姻，就像他能找到最完整的樹葉一樣，最終就會得到幸福的真諦。

禪林清音

不要求事事完美，不要求他人完美，不要求自己完美，則人生已接近完美。

2. 摩尼珠

佛陀在靈山會上時，手中拿了一顆隨色摩尼珠，問四方天王道：「你們看一看這顆摩尼珠是什麼顏色？」

四方天王看後，說是青、黃、赤、白等不同的色

澤。佛陀就將摩尼珠收回,舒開手掌又問道:「我現在手中的這顆摩尼珠是什麼顏色?」

天王不解佛陀心中所指,都不約而同地回答道:「佛陀!您現在手中根本就沒有東西,哪有什麼摩尼寶珠呢?」

佛陀告訴四方天王道:「我將一般世俗的珠子給你們看,你們都會分辨它的顏色,但真正的寶珠在你們面前,卻視而不見,這是多麼顛倒呀!」

四方天王們聽後皆有感悟。

·道破禪機·

找到對方的閃光點

其實,能看見真正的寶珠的不是眼睛,而是心靈。每個人身上都有閃光點,它需要你用心靈去發現。

只不過,當兩個人步入婚姻後,生活中的柴米油鹽,往往會沖淡戀愛時的浪漫,慢慢地將愛情轉化為血濃於水的親情,兩個人也逐漸成為對方生命中的一部分。越來越強的熟悉感,使人越來越少地去發現對方的優點,甚至越來越習慣給對方「挑毛病」。

試想,兩個不同生活背景與生活習慣的人組成一個新的家庭,有太多的生活習慣要磨合和適應,因為距離的拉近,彼此的缺點與毛病也就暴露無遺。

有多少夫妻就是在婚姻的初始階段,彼此之間相互不願意讓步,才造成離婚的結果,勞燕分飛。待到幡然醒悟,往往後悔莫及。

這就需要夫妻懂得：你敬我一尺，我還你一丈，彼此包容，理解，還要勤灌溉、施肥，婚姻之樹才會常青。另外一個更重要的法寶就是放大優點，縮小缺點。

　　比如說，一方喜歡整潔的家居環境，工作一週了，在週末對家裡要進行徹底的掃除。而另一方卻感覺難得有個休息日子，準備與周公親密對話，大有不理家政的架式，賴在床上不起床。這時候，如果彼此之間相互指責，很容易發生爭執，這就需要有一方首先做出讓步。

　　做丈夫的要體貼妻子愛整潔的生活習慣，做出讓步，主動幫助妻子分擔家務活，這就是聰明的丈夫。而妻子如果體諒丈夫工作的忙碌與辛苦，也應該主動退步，讓丈夫美美地休息睡覺，自己躡手躡腳地獨自做點家務。

　　總之，夫妻雙方只要有一方主動投降，就有皆大歡喜的結局。反之，如果有一人不配合對方，那麼戰火也就點燃了。

　　所以，夫妻相處，要多溝通，多理解，多體諒對方，多換位思考，發現對方的閃光點。把優點放大，把缺點和不足縮小。多用欣賞與讚美的言辭鼓勵對方，那麼彼此間就會感覺幸福快樂得多。反之，吵架或意見不統一，專揭對方的傷疤，指責對方的缺點和不足，撕破臉皮，相互傾軋，相互爭高論低，互不相讓，甚至於說話口不擇言，都會傷害到雙方的感情。

　　婚姻對於每個人來說，都是生命中最重要的驛站，更是溫馨的港灣。以一雙慧眼多發現對方的優點，時刻念及對方的好處，這樣，你的心態就會開心快樂，婚姻也更能美滿幸福。

愛是從相互欣賞而開始，還需要寬容、諒解、習慣和適應，才能攜手一生。

3. 三根蠟燭

深夜，寺裡一人一佛，佛坐人站。

人：聖明的佛，我是一個已婚之人，我現在狂熱地愛上了另一個女人，我真的不知道該怎麼辦。

佛：你能確定你現在愛上的這個女人就是你生命裡最後一個女人嗎？

人：是的。

佛：你離婚，然後娶她。

人：可是我現在的愛人溫柔、善良、賢慧，我這樣做是否有一點殘忍，有一點不道德？

佛：在婚姻中沒有愛才是殘忍和不道德的，你現在愛上了別人，已經不愛她了，你這樣做是正確的。

人：可是我愛人很愛我，真的很愛我。

佛：那她就是幸福的。

人：我要與她離婚後另娶他人，她應該是很痛苦的，又怎麼會是幸福的呢？

佛：在婚姻裡她還擁有她對你的愛，而你在婚姻中已失去對她的愛。正所謂擁有的就是幸福的，失去的才是痛苦的，所以痛苦的人是你。

人：可是我要和她離婚後另娶他人，應該是她失去了我，她應該才是痛苦的。

佛：你錯了，你只是她婚姻中真愛的一個具體，當你這個具體不存在的時候，她的真愛會延續到另一個具體上，因為她在婚姻中的真愛從沒有失去過，所以她才是幸福的，而你才是痛苦的。

人：她說過今生只愛我一個，她不會愛上別人的。

佛：這樣的話你也說過嗎？

人：我……我……我……

佛：你現在看你面前香爐裡的三根蠟燭，哪根最亮？

人：我真的不知道，好像都是一樣亮。

佛：這三根蠟燭就好比是三個女人，其中一根就是你現在所愛的那個女人。芸芸眾生，女人何止千百萬萬，你連這三根蠟燭哪根最亮都不知道，都不能把你現在愛的人找出來，你為什麼又能確定你現在愛的這個女人就是你生命裡的最後一個女人呢？

人：我……我……我……

佛：你現在拿一根蠟燭放在你的眼前，用心看看哪根最亮。

人：當然是眼前的這根最亮。

佛：你現在把它放回原處，再看看哪根最亮。

人：我真的還是看不出哪根最亮。

佛：其實你剛拿的那根蠟燭就好比是你現在愛的那個最後的女人，所謂愛由心生，當你感覺你愛她時，你用心去看就覺得它最亮；當你把它放回原處，你卻找不到最亮的感覺，你這種所謂的最後的、唯一的愛只是鏡花水月，

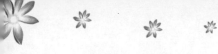

到頭來終究是一場空。

人：我現在真的知道我愛的是誰了，她就是我的妻子。

佛：阿彌陀佛，阿彌陀佛。

·∴道破禪機∴·

珍惜現在的愛人

只要婚姻存在，它就面臨著婚外戀的危機。無論是男方還是女方，都有可能會在婚後對另一個異性有別樣的情感，很多人便以為那才是自己的真愛，於是拋棄了曾經信誓旦旦的婚姻。但是，再婚後，有多少人後悔自己當初沒有珍惜眼前人呢？恐怕這樣的人不在少數吧！

從前，圓音寺前的橫樑上有個蜘蛛結了張網，由於每天都受到香火和虔誠的祭拜的薰陶，蜘蛛便有了佛性。有一天，刮起了大風，風將一滴甘露吹到了蜘蛛網上。蜘蛛望著甘露，見它晶瑩透亮，很漂亮，頓生喜愛之意。蜘蛛每天看著甘露很開心，它覺得這是三千年來最開心的幾天。突然，刮起了一陣大風，將甘露吹走了。蜘蛛一下子覺得失去了什麼，感到很寂寞難過。

就在這時，佛來了，問蜘蛛：「蜘蛛，你已修煉多年，我考考你：世間什麼才是最珍貴的？」蜘蛛對佛說：「世間最珍貴的是『得不到』和『已失去』。」佛說：「好，既然你認為是這樣，我就讓你到人間走一遭吧。」

就這樣，蜘蛛投胎到了一個官宦家庭，成了一個富家小姐，父母為她取了個名字叫蛛兒。一晃，蛛兒到了十

六歲了。這一日皇帝決定在後花園為新科狀元甘鹿舉辦宴席，來了許多妙齡少女，包括蛛兒，還有皇帝的小公主長風公主。狀元郎在席間表演詩詞歌賦，大獻才藝，在場的少女無一不為他傾倒，蛛兒對甘鹿也是一見傾心。

可是，幾天之後，皇帝下召，命新科狀元甘鹿和長風公主完婚；蛛兒和太子芝草完婚。這一消息對蛛兒如同晴空霹靂，她怎麼也想不到事情會是這樣。幾日來，她不吃不喝，窮究急思，靈魂就將出殼，生命危在旦夕。就在這時，佛來了，他對快要出殼的蛛兒靈魂說：「蜘蛛，你可曾想過，甘露（甘鹿）是由誰帶到你這裡來的呢？是風（長風公主）帶來的，最後也是風將它帶走的。甘鹿是屬於長風公主的，他對你不過是生命中的一段插曲。而太子芝草是當年圓音寺門前的一棵小草，他看了你三千年，愛慕了你三千年，但你卻從沒有低下頭看過它。蜘蛛，我再來問你，世間什麼才是最珍貴的？」蜘蛛聽了這些真相之後，好像一下子大徹大悟了，她對佛說：「世間最珍貴的不是『得不到』和『已失去』，而是現在能把握的幸福。」剛說完，佛就離開了，蛛兒的靈魂也回位了，她一睜開眼睛，就去尋找她的真愛──太子芝草。

對於婚姻來講，婚前的愛情是「已失去」，婚後的傾心是「得不到」，很多人為這兩者神魂顛倒，卻始終忘記了「珍惜現在的幸福」。

禪林清音

一了一切了，一悟一切悟，一證一切證，如斬一縷絲，一斬一時斷。

4. 還不夠舒服

　　有一個人跑到西天向如來佛祖訴苦說，這個地球讓他住起來還不夠舒服，他說他要住在一個有珍珠門的天堂。

　　如來佛起初指著天上的月亮給他看，問他說，那不是一個很好玩的玩具嗎？他搖一搖頭。他說他不願看月亮。接著如來佛指著那些遙遠的青山，問他說，那些輪廓不是很美麗嗎？他說那些東西很平凡。後來如來佛指著蘭花和三色菜的花瓣給他看，叫他用手指去撫摸那些柔潤的花瓣，問他道，那色澤不是很美妙嗎？

　　那個人說：「不。」

　　具有無限耐性的如來佛帶他到一個水族館去，指著那些檀香山魚的華麗的顏色和形狀給他看，可是那個人說他對此不感興趣。

　　如來佛後來帶他到一棵多蔭的樹木下去，命令一陣涼風向他吹著，問他道，你不能感到個中的樂趣嗎？那個人又說他覺得那沒有什麼意思。

　　接著，如來佛帶他到山上一個湖沼邊去，指給他看水的光輝、石頭的寧靜和湖沼中美麗的倒影，給他聽大風吹過松樹的聲音，可是那個人說，他還是沒覺得興奮。

　　如來佛以為他這個生物的性情不很柔和，需要比較興奮的景色，所以便帶他到喜馬拉雅山頂，到長江三峽，到那些有鐘乳石和石筍的山洞，到那時噴時息的溫泉，到那有沙岡和仙人掌的沙漠，到長白山的雪地，到黃山上的花崗石峰，問他說，上天難道沒有盡力把這個行星弄得很美

麗，以娛他的眼睛、耳朵和肚子嗎？可是那個人還是在吵著要求一個有珍珠門的天堂，那個人說：「這個地球讓我住起來還不夠舒服。」

如來佛說：「你真是狂妄不遜，忘恩負義啊！原來這個地球給你住起來還不夠舒服，那麼我要把你送到地獄裡去，在那裡你將看不到浮動的雲和開花的樹，也聽不到潺潺的流水，你得永遠住在那邊，直到完結你的一生。」

道破禪機

知足才會擁有快樂

這個人顯然是很難滿足的，即使得到了有珍珠門的天堂，不久後，他也一定會感到相當厭倦，到那時候，他仍然會不開心，覺得不幸福。

幸福是一種心態，任何人的戀愛、婚姻總有它不盡如人意的地方，但也會有很多令人愉快的地方，能否活得快樂，更多源自於他內心的感覺，懂得知足的人才會感到快樂。

秋天的黃昏，阿發信步走向郊外，他發現秋天的足跡在鄉村所烙下的景象遠比城市美好。

在城市裡，生活即使舒適，但有時仍感貧乏；工作即使忙碌，但有時也覺空虛；有快樂也有彷徨，有希望也有失望，總是難得如意。因此，尋訪鄉野便成為解決煩惱的一種途徑。

鄉間，正是豐收的季節，田壟上堆著已收割的稻子，農人提著鐮刀正要歸去，他們鬆鬆斗笠，用頸上的毛

巾擦著汗，然後嬉笑著走向冒著炊煙的家。

幾個黑黝黝的鄉童，用竹竿打著石榴樹上的果實，在溪水裡清洗一下，便津津有味地吃起來。

阿發在溪邊的一棵樹底坐下，鞋上沾滿泥巴。一個禪師走過來和他說話。老禪師的態度淳樸而友善，使人不必存有絲毫顧忌。聽了他的談話，阿發更加羨慕鄉村的生活了。

老禪師說：「農夫感覺快樂，是因為他們能夠適應田間的工作，而且喜歡它。」

阿發不禁感歎：「我也很喜歡鄉村的愜意，真想住在這裡啊！」

老禪師說：「如果你到鄉下長久生活能適應嗎？你能忍受風吹日曬？能放棄城市裡一些現代的享受？能吃得消使手磨出繭的工作嗎？」

老禪師又說：「我很樂觀，我對生活從不曾抱怨過，我吃自己種的蔬菜和水果，覺得那是世上最好的食物。」

阿發似有所悟地點點頭。

還有一個故事，唐朝有一個龍潭崇信禪師，他曾跟隨道悟禪師出家。

在崇信當學徒的數年之中，他只是打柴掃地，挑水作羹，不曾得到道悟禪師一言半語的法要。

一天，他忍不住向師父說：「師父，弟子自從跟您出家以來，已經多年了。可是一次也不曾得到您的開示，請師父慈悲，傳授弟子修道的法要吧！」

道悟禪師聽後立刻回答道：「你剛才講的話，好冤枉師父啊！你想想看，自從你跟隨我出家以來，我未嘗一日

不傳授你修道的心要。」

「弟子愚笨，不知您傳授給我了什麼？」崇信訝異地問。

「你端茶給我，我就喝；你捧飯給我，我就吃；你向我合掌，我就向你點頭。我何嘗一日懈怠？這些不都在指示法要給你嗎？」

崇信禪師聽了，當下頓然開悟。

其實，無論戀愛也好、婚姻也好，起初它都會帶給人一種新鮮和興奮，但那不是它的常態，以後會漸漸地歸為平淡。如若此時你拋下舊情，選擇新愛情來維繫這種新鮮，那你遲早也會有厭倦的時候。真正感到快樂幸福的人，必然是在平淡之後仍然找到讓自己舒適、愉快的地方，適應它、感恩它，正所謂：知足才會擁有快樂。

·：禪林清音·：·

人生在世，求淡之美而得禪趣，不亦樂乎！

5.　水車與禪道

無際禪師經常雲遊四方，這一天他來到了一個小山村。正是中午時分，天氣很熱，禪師便停下來歇腳。

這時，無際禪師看到河邊有一個村民正在用水車打水，就走上前去向村民討水。

這個村民見對方是個出家人，便對無際禪師說道：「禪師，如果有一天我看破紅塵，我就會跟您一樣出家參禪。不過我出家後，不會四處雲遊，居無定所。我會找一

個地方隱居起來，專心參禪，不再拋頭露面。」

無際禪師微微一笑，問道：「那你什麼時候看破紅塵呢？」

村民答道：「我雖然有出家悟道的想法，遺憾的是，我們這一帶只有我最瞭解水車的性質，而全村人都以此為主要水源，如果能找到人來接替我的位置，我就可以無牽無掛地出家了。」

無際禪師道：「你最瞭解水車，如果水車全部浸在水裡，或者完全離開水面又會如何呢？」

村民答道：「水車置於水中，是靠下半部被水流沖擊而轉動的原理來工作的，如果把水車全部浸在水裡，它不僅無法轉動，甚至還有被急流沖走的可能。同樣，如果水車完全離開水面也不能轉動，更別說抽上水來了。」

無際禪師聽後，開示他道：「水車與水流的關係可以說明個人與世間的關係。如果一個人完全入世，縱身江湖，難免會被塵世的洪流所沖走；假如超然出世，與世隔絕，則其人生必會失去強大的動力。同樣，一個修道之人，也要出入得宜，既不冷眼旁觀，也不隨波逐流。因此，出家既要看破紅塵，更要想法普度眾生。」

村民聽了無際禪師的話，愣在那裡，過後又豁然開朗，決心繼續打水車。

道破禪機

幸福只是適可而止

出世是為了更好地入世，既不能隨波逐流，也不能消

極避世，這才是出家之道和為人處世的正確態度。無際禪師用水車與水的關係形象地向村民開示了禪道的真意，使其豁然開朗。

其實，不光人生態度如此，婚姻生活中的許多事都需要有這樣一顆禪心，凡事要做到適可而止，既不能欠火候，又不能過猶不及。

曾經有一個和尚，他的內心總是難安，不知道自己到底該過怎樣的生活。

有次，他因為耐不住佛家的寂寞就下山還俗去了。

可是不到一個月，他又因為耐不得塵世的口舌，又上山了。

結果不到一個月，又因為耐不住寂寞，還是還俗去了。

如此幾次三番的折騰，他依然悶悶不樂。老和尚就對他說：「你既然兩頭都過得不開心，乾脆不必信佛，脫去袈裟；也不必認真去做一個俗人，就在廟宇和塵世之間的涼亭那裡設一個去處，賣茶如何？還不必拘束於佛門戒律。」

和尚覺得這個建議非常好，於是他又還俗了，還討了一個年輕的小媳婦，開了一個茶館。

他每天悉心經營著，得到了不少茶資，也甚得善男信女的推崇。

日子就這麼簡單地過著。

這位還俗的和尚整日裡下看塵世，上聽佛音，半年之後突發念想，跑進廟裡拜倒在老和尚面前，口稱：「我佛已然度我。」

幸福就是這麼簡單，只需禪心一片，凡事講求適可而止，即可擁有幸福餘生。

‧‧禪林清音‧‧

放掉一切莫須有的負擔，放掉一切毫無價值的虛榮，帶著一份自然的心態，體味一生的幸福。

6. 吃鹽巴的莊稼漢

佛經《大智度論》有這樣一個故事：

從前有一個莊稼漢，一生沒有看見過鹽巴，也沒吃過鹽巴。有一天有一個機會到顯貴人家去做客，他第一次看到人家把鹽巴加進飯菜裡一起煮，覺得很好奇，就問他們說：「為什麼要加這種東西在飯菜裡面呢？」

「因為加了鹽巴，吃起來才會好吃，就像天上的佳餚美饌一樣呀！」顯貴人家說。

莊稼漢聽了心裡頭便想：「這種白鹽巴，加一點點在飯菜裡面，就這麼好吃，如果單獨只吃鹽巴，吃得愈多，味道一定愈好。」

於是他迫不及待地抓了一大把的鹽巴往嘴裡面吞了一大口。哎呀！沒想到又鹹又苦，實在是難以下嚥。

他氣不過，馬上跑去問這位主人：「你不是說鹽巴很好吃嗎？」

主人說道：「你怎麼這麼笨呢，鹽巴不是這樣吃的，應該要適量使用，才能增加食物的美味，哪像你只是吃鹽巴的？」

·道破禪機·

別貪求太多的愛

什麼事都要有個「度」，過了那個「度」，就有些過猶不及了。鹽巴吃多了會又鹹又苦，愛太多了也會讓人不堪重負。

有的女孩總是羨慕別的女孩追求者甚多，擁有那麼多愛，也有的男人總羨慕別的男人同時有好幾個女朋友暗戀。可是，個中的痛苦與負擔又有誰知道？

劉依依是大學裡的超級校花，不僅人長得極美、身段窈窕，還寫得一手好文章，能歌善舞，是學生會主席，成為許多男生的追求對象。

可是令無數女孩羨慕的她卻始終不快樂，因為每到過什麼節日，她都會收到許多男孩的禮物。出於一種責任感，劉依依覺得如果不能接受人家的愛，送來的禮物就要送回去，不能讓人家覺得自己是一個貪得無厭的人。可是，把送來的禮物退回去可是一門學問，既不能傷人自尊，又不能讓人家覺得自己太清高，免得遭人討厭，學生工作也不好開展。所以，每次收到男孩禮物的時候，都是她最頭痛的時候。

後來，她的好朋友建議她找個男朋友就不會有那麼多男生再惦記她了，她也就沒有這麼多小煩惱了。她想了想也是，於是接受了一個自己也有點感覺的男孩，和他戀愛了。

可誰知，她連談個普普通通的戀愛都談不成。

每次和男朋友約會的時候，都會有一些「百折不撓」的男生打電話過來，很是敗壞兩人的心情。她也想把手機關掉，但身為學生幹部的她，免不了有老師找她做事。結果沒多久，那個男孩覺得和她在一起太沒有安全感，只想找一個「安靜」的女孩，無奈之下和她分手了。

就這樣，一個非常出眾的女孩卻被人家給拋棄了。傷心之餘，她終於想到了一個讓自己清淨的好辦法。她透過好朋友傳出話去，她已經和一個男孩訂婚了，男孩已經參加工作，人在外地。在她看來，這樣的做法或許能打消一些男生的進攻吧！

可是，消息傳出去不到一個月，一個男生感到沒有了進攻機會，因絕望而自殺，還留下了一份遺書，黑紙白字上寫著是因為她而死。許多為那個男孩痛惜的人，開始在背地裡議論她。這對她無疑是一場重大的打擊，迫於無奈她辭去了學生會主席的職務，同時也不再參加任何活動。

從此，她度過了兩年孤獨的生活。

而每當看見身邊那些看上去條件還不如自己的女孩，卻享受著平平淡淡的愛情時，她都很羨慕。

所以說，不要羨慕別人有許多人愛戀，更無需貪求自己得到太多的愛，因為愛多了會變成一種負擔。愛太多了未必就幸福，有一份簡單而真摯的愛情，有一個人願意為你付出，為你遮風擋雨就已足夠了。

┌ ·· 禪林清音 ·· ┐

貪慾太多，不僅會讓你迷失本性，還會讓你喪失所有。

7. 老船公擺渡

在一個黃昏，靜靜的渡口來了四個人，一個富人，一個當官的，一個武士，還有一個詩人。他們都要求老船公把他們擺渡過去。老船公捋著鬍子：「把你們的特長說出來，我就渡你們過去。」

商人掏出白白的銀子說：「我有的是金錢。」當官的不甘示弱：「你要擺渡我過河，我可以讓你當一個縣官。」武士急了：「我要過河，否則……」說著揚揚握緊的拳頭。「你呢?」老船公問詩人。「唉，我一無所有，可是我如不趕回去，家中的妻子兒女一定會急壞的。」

「上船吧!」老船公揮了揮手，「你已經顯示了你的特長，這是最寶貴的財富。」

詩人疑惑著上了船：「老人家，能告訴我答案嗎?」

「你的一聲長歎，你臉上的憂慮是你最好的表白，」老人一邊搖船一邊說，「你的真情流露是四人中最寶貴的。」

道破禪機

給家人最好的禮物

一無所有的詩人僅僅因為真情的流露就能順利渡河，而財富、權力和武力卻永遠過不了渡口。一個人若能在忙碌的工作之中，抽出點時間來陪陪家人，讓他們感受到你的愛，才是給家人最好的禮物。

　　愛德華先生是個成功而忙碌的銀行家。由於成天跟金錢打交道，不知不覺，愛德華先生養成了喜歡用錢打發一切的習慣。不僅在生意場上，對家人也如此。他在銀行為妻子兒女開設了專門的戶頭，每隔一段時間就撥大筆款額供他們消費；他讓秘書去選購昂貴的禮物，並負責在節日或者家人的某個紀念日送上門。所有事情就像做生意那樣辦得井井有條，但他的親人們似乎並沒有從中得到他所期望的快樂。時間久了他自己也很抱屈：為什麼我花了那麼多錢，他們還是不滿意，甚至還對我有所抱怨？

　　愛德華先生訂了幾份報紙，以便每天早晨可以流覽到最新的金融資訊。原先送報的是個中年人，不知何時起，換成了一個十來歲的小男孩。每天清晨，他騎單車飛快地沿街而來，從帆布背袋裡抽出捲成筒的報紙，投到愛德華先生家的門廊下，再飛快地騎著車離開。愛德華先生經常能隔著窗戶看到這個匆忙的報童。有時，報童一抬眼，正好也望見屋裡的他，還會調皮地衝他行個舉手禮。見多了，就記住了那張稚氣的臉。一個週末的晚上，愛德華先生回家時，看見那個報童正沿街尋找著什麼。他停下車，好奇地問：「嘿，孩子，找什麼呢？」報童回頭認出他，微微一笑，回答說：「我丟了5美元，先生。」「你肯定丟在這裡了？」「是的，先生。除了早晨送報，今天我一直呆在家裡，肯定丟在路上了。」

　　愛德華先生知道，這個靠每天送報賺外快的孩子不會生長在生活優越的家庭，而且他還可以斷定，那丟失的5美元是這孩子一天一天慢慢賺起來的。一種憐憫心促使他下了車，他掏出一張5美元的鈔票遞給他，說：「好了孩

子，你可以回家了。」報童驚訝地望著他，並沒伸手接這張鈔票，他的神情裡充滿尊嚴，分明在告訴愛德華先生：他並不需要施捨。

愛德華先生想了想說：「算是我借給你的，明早送報時別忘了給我寫一張借據，以後還我。」報童終於接過了錢。

第二天，報童果然在送報時交給愛德華先生一張借據，上面的簽名是菲里斯。其實，愛德華先生一點都不在乎這張借據，不過他倒是關心小菲里斯急著用 5 美元幹什麼。「買個聖誕天使送給我妹妹，先生。」菲里斯爽快地回答。

孩子的話提醒了愛德華先生，可不，再過一星期就是耶誕節了。遺憾的是，自己要飛往加拿大洽談一項併購事宜，不能跟家人一起過耶誕節了。

晚上，一家人好不容易聚在一起吃飯時，愛德華先生宣佈道：「下星期，我恐怕不能和你們一起過耶誕節了。不過，我已經交代秘書在你們每個人的戶頭裡額外存一筆錢，隨便買點什麼吧，就算是我送給你們的聖誕禮物。」

飯桌上並沒有出現愛德華先生期望的熱烈，家人們都只是稍稍停了一下手裡的刀叉，相繼對他淡淡地說了一兩句禮貌的話以示感謝。愛德華先生心裡很不是滋味。

星期一早晨，菲里斯照例來送報，愛德華先生卻破例走到門外與他攀談。他問孩子：「你送妹妹的聖誕天使買了嗎？多少錢？」

菲里斯點頭微笑道：「一共48美分，先生。我昨天先在跳蚤市場用40美分買下一個舊芭比娃娃，再花 8 美分買

了一些白色紗、綢和絲線。我同學拉瑞的媽媽是個裁縫，她願意幫忙把那個舊娃娃改成一個穿漂亮紗裙、長著翅膀的小天使。要知道，那個聖誕天使完全是按童話書裡描述的樣子做的——我妹妹最喜歡的一本童話書。」

菲里斯的話深深觸動了愛德華先生，他感慨道：「你多幸運，48美分的禮物就能換得妹妹的歡喜。可是我呢，即便付出了比這多得多的錢，得到的不過是一些不鹹不淡的客套話。」

菲里斯眨眨眼睛，說：「也許是他們沒有得到所希望的禮物？」愛德華先生皺皺眉頭，他根本不知道他的家人想要什麼樣的聖誕禮物，而且似乎從來也沒有詢問過，因為他覺得給家人錢讓他們自己去買是一樣的。他不解地說道：「我給他們很多錢，難道還不夠嗎？」菲里斯搖頭道：「先生，聖誕禮物其實就是愛的禮物，不一定要花很多錢，而是要送給別人心裡希望的東西。」

菲里斯沿著街道走遠了，愛德華先生還站在門口，沉思好久好久才轉身進屋。屋子裡早餐已經擺好了，妻子兒女們正等著他。這時，愛德華先生沒有像平時那樣自顧自地邊喝牛奶邊看報紙，而是對大家說：「哦，我已經決定取消去加拿大的計畫，想留在家裡跟你們一起過耶誕節。現在，你們能不能告訴我，你們心裡最希望得到什麼樣的聖誕禮物呢？」

無論什麼樣的禮物，都比不上你的愛更寶貴。所以，無論男人還是女人，別把自己當「總統」，總拿工作忙當藉口，要知道這個地球離了誰都照樣轉，還是把你生命的寶貴時光多分一些給你的家人吧！

若你把家看作倦鳥的歸巢而不知修葺，總有一天你將
無家可歸。

8. 貪米的夫妻

某地曾發生饑荒，有位僧人背了五斗米經過巫山村
落，此米是用來救濟一些無力度荒的人。因為天色已晚，
僧人投宿在一戶木匠人家。

木匠和他的妻子見到這個僧人的米糧後，便生出歹
心，計畫黑夜時，殺掉這位過路僧人。可是他的兒子不曉
得，晚上跟背米的僧人睡在了一起。

到了二更時，背米的僧人起來上茅廁。木匠拿著斧頭
到臥室，在黑夜中，看見一個人睡得正熟，他立即用斧頭
砍對方的頭，並且呼叫妻子：「你趕快來，這五斗米屬於
我們啦！」

他的妻子舉起火把照亮，發現被殺的人是自己的兒
子，於是就痛哭流涕。背米的僧人在門外聽到了，歎息
道：「貪念一起，害人害己。」

·道破禪機·

戒貪是幸福的不二法門

貪婪的夫妻為了一袋米，錯殺了愛子。難怪《法華
經》中說：「諸苦所因，貪慾為本。」佛陀也曾反覆告誡

弟子：貪慾是眾生墮落輪迴的根本原因之一，貪慾將會蒙蔽眾生，使眾生陷於輪迴的噩夢之中，永遠無法覺醒。

在現代生活中，也有許多夫妻因貪念功名、錢財而陷入不幸。究其根本原因並非功名、錢財本身與幸福格格不入，而是人心中的貪念使其頭腦蒙蔽，才使原本幸福的生活變得困苦。

有一個商人，生意做得很紅火，財源滾滾，雖然請了好幾名帳房先生，但總帳還是靠他自己算。因為錢的進項又多又大，他天天從早晨打算盤到深更半夜，累得他腰酸背痛，頭昏眼花。更慘的是，每晚上床後他還會想到明天的生意，一想到成堆白花花的銀子，他就又興奮又激動，根本無法睡個安穩覺。

白天忙得不能睡覺，夜晚又興奮得睡不著覺，就這樣，這個商人患上了嚴重的失眠症。

商人隔壁靠做豆腐為生的小倆口，每天清早起來磨豆漿、做豆腐，說說笑笑，快快活活，甜甜蜜蜜。牆這邊的商人在床上翻來覆去，搖頭歎息，對這對窮夫妻又羨慕又嫉妒。他的太太也說：「我們這麼多銀子有什麼用?整天又累又擔心，還不如隔壁那對窮夫妻活得開心快活。」

商人早就認識到自己還不如窮鄰居生活得輕鬆灑脫，等太太話一落音便說：「他們是窮才這樣開心，富起來他們就不能了，很快我就讓他們笑不起來。」

說完，商人翻下床去錢櫃裡抓了幾把金子和銀子，扔到鄰居豆腐房的院子裡。

這對夫妻正在邊唱邊做豆腐，忽然聽到院子裡「撲通」、「撲通」地響，提燈一照，見是閃閃的金子和白花

花的銀子，於是連忙放下豆子，慌手慌腳地把金銀撿回來，心裡緊張極了。

這些金銀可把這對磨豆腐的小夫妻愁壞了，他們不知把這些財富藏在哪裡才好。藏在房裡怕不保險，藏在院裡怕不安全，從此，再也聽不到他們說笑，更聽不見他們唱歌了。

商人於是和他太太開玩笑說：「你看！他們再笑不起來，唱不起來了吧！早該讓他們嘗嘗有錢人的滋味了。」

還有對夫妻，他們看著周圍房價日益高漲起來，心中也想大賺一筆，於是把積蓄拿出來投資了房產。第一年，他們成功轉手大賺一筆。嘗到甜頭的夫妻，膽子更大了，他們把所有的錢都拿出來，貸款投資了二十套房子，準備狠狠地賺一筆，就不用每天給別人打工了。

誰料，半年後，房價不再漲了。這時，心裡沒底的妻子打算賣房。丈夫卻說別急，再等半年也不遲。妻子也覺得現在賣有點虧，就同意等房價再漲漲。

結果半年以後，貸款利率上調了，房價不但沒漲反而快速下跌了。這下可急壞了他倆，他們想盡一切辦法要把房子賣出去，但就是無人問津。房價幾乎跌回了他倆買房時的水準，二十套房的房貸加起來，已經大大超過了他們的收入，兩個人也從千萬富翁淪為了「負」翁。

從此，妻子開始天天埋怨丈夫太貪婪，錯過了最好的時機。而丈夫本身也在著急，見她整天鬧騰，乾脆棄她而去了。

夫妻之間，為了財富、功名而共同奮鬥本身是件極幸福的事。但是要記住，戒貪才是幸福的不二法門，只有在

錢財、功名面前保持清醒的頭腦，克制心中的貪念，追求自己應得的東西，才不至於淪為貪慾的奴隸，你們的幸福生活才不會變質。

有物先天地，無形本寂寥。能為萬象主，不逐四時凋。

9. 生命的長度

一天，佛陀等弟子們乞食歸來時，問他們道：

「弟子們！你們每天忙忙碌碌托缽乞食，究竟是為了什麼呢？」

弟子們雙手合十，恭聲答道：

「佛陀！我們是為了滋養身體，以便長養色身，來求得生命的清淨解脫啊。」

佛陀用清澈的目光環視著弟子們，沉靜地問道：

「那麼，你們且說說肉體的生命究竟有多長久？」

「佛陀！有情眾生的生命平均起來有幾十年的長度。」一個弟子充滿自信地回答。

佛陀搖了搖頭：「你並不瞭解生命的真相。」

另一個弟子見狀，充滿肅穆地說道：「人類的生命就像花草，春天萌芽發枝，燦爛似錦；冬天枯萎凋零，化為塵土。」

佛陀露出了贊許的微笑：「嗯，你能夠體察到生命的短暫迅速，但是對佛法的瞭解，仍然限於表面。」

又聽得一個無限悲愴的聲音說道：「佛陀！我覺得生命就像浮游蟲一樣，早晨才出生，晚上就死亡了，充其量只不過一晝夜的時間！」

「喔！你對生命朝生暮死的現象能夠觀察入微，對佛法已有了進入肌肉的認識，但還不夠究竟。」

在佛陀的不斷否定、啟發下，弟子們的靈性越來越被激發起來。又一個弟子說：「佛陀！其實我們的生命跟朝露沒有兩樣，看起來不乏美麗，可只要陽光一照射，一眨眼的功夫它就乾涸消逝了。」

佛陀含笑不語。弟子們更加熱烈地討論起生命的長度來。這時，只見一個弟子站起身，語驚四座地說：

「佛陀！依弟子看來，生命只在一呼一吸之間。」

語音一出，四座愕然，大家都凝神地看著佛陀，期待佛陀的開示。

「嗯，說得好！人生的長度，就是一呼一吸。只有這樣認識生命，才是真正體證了生命的精髓。弟子們，你們切不要懈怠放逸，以為生命很長，像露水有一瞬，像浮游有一晝夜，像花草有一季，像凡人有幾十年。生命只是一呼一吸！應該把握生命的每一分鐘，每一時刻，勤奮不已，勇猛精進！」

·:·道破禪機·:·

人生沒什麼大不了

既然生命只在一呼一吸之間，那麼所有眼前的不痛快也會在一呼一吸之間煙消雲散，人生又有什麼大不了呢？

為何還要為眼前短暫的不順而垂頭喪氣？為何不好好珍惜和愛人在一起的日子？為何不在短暫的生命旅途中抓住幸福、享受人生？

記得有這樣一個故事，一個失意的人爬上一棵櫻桃樹，樹旁邊有一條河，他準備從樹上跳下來，結束自己的生命。就在他決定往下跳時，學校放學了。

成群放學的小學生走過來，看到他站在樹上。一個小學生問他：「你在樹上做什麼？」

總不能告訴小孩我要自殺吧，於是他說：「我在看風景。」

「你有沒有看到身旁有許多櫻桃？」小學生問。

他低頭一看，發現原來他自己一心一意想要自殺，根本沒有注意到樹上真的結滿了大大小小的紅色櫻桃。

「你可不可以幫我們採櫻桃？」小朋友們說，「你只要用力搖晃，櫻桃就會掉下來了，拜託啦，我們爬不了那麼高。」

失意的人有點意興闌珊，可是又執拗不過小朋友們，只好答應幫忙。他開始在樹上又搖又晃，很快地，櫻桃紛紛從樹上掉下來。地面上也聚集了愈來愈多放學的小朋友，都興奮而又快樂地撿食著櫻桃。

經過一陣嬉鬧之後，櫻桃掉得差不多，小朋友也漸漸散去了。

失意的人坐在樹上，看著小朋友們歡樂的背影，不知道為什麼，自殺的心情和念頭全都沒有了。他採了些周遭還沒有掉到地上去的櫻桃，無可奈何地跳下了樹，拿著櫻桃慢慢走回家裡。

他到家時，仍然是那個破舊的家，一樣的老婆和孩子。可是孩子們卻好高興爸爸帶著櫻桃回來了。他看著大家快樂地吃著櫻桃，忽然有一種新的體會和感動，他心裡想著，或許這樣人生還是可以活下去的吧！

其實，人生本來就沒什麼大不了的，無論你在外面遭到了多大的失敗和委屈，回到有孩子和老婆一起構築起來的家，就是你幸福的全部。

┌ㆍ·禪林清音·ㆍ┐

多關注愉快，也許你還沒來得及傷悲，生命已快結束，哪有什麼痛苦可言？

10.　被賣掉的國王與王后

從前有一個國王，名為薩恕檀。這個國王心地善良，憐憫貧窮孤寡之人，經常對人們周濟和佈施，只要他們有所需求，國王都儘量滿足他們，因此國王的善名遠揚，超越了國界，而且傳到了上天的眾神耳中。

文殊菩薩得知人間有這麼一個慈悲的國王，心裡很高興，同時也想親自試一試這個國王到底是不是誠心行善。

有一天，文殊菩薩搖身一變，變成了一個少年婆羅門，從鄰國進入薩恕檀國，並來到了王宮門前，乞求佈施。

國王聽說從異國來了一個少年婆羅門找他，很高興地接見了來者，並非常關切地問道：「少年人，你是從何處來呀？有什麼需要我為你效力幫忙的嗎？」

少年婆羅門回答，「我在異國聽說您的功德善名，故不遠萬里前來，想得到您的佈施。」

　　國王聽了高興地說：「好呀！你有什麼要求，需要得到什麼佈施，儘管說好了，別客氣。我的臣民向我要求佈施我都會答應，何況你還是異國的客人呢。」

　　文殊菩薩見狀心想：果然名不虛傳，既然如此，我就大膽地試試他吧。

　　於是就說：「大王您可是君子一言。我提的要求也許有些過分了，我想讓國王給我做奴隸，讓王后給我做婢女！」

　　國王聽了，並沒有發怒、生氣，反而非常痛快地答應說：「好吧！你讓我個人做奴隸，我現在就可以答應你，我很願意從現在起就聽從你的使喚，服侍你。但是王后本來是一個大國王的公主遠嫁到我們國家來的，她是不是能做你的婢女，我做不了主，我應該去徵求徵求她的意見。」

　　於是國王就到內宮，把少年婆羅門要求施捨的要求向王后說了，並問她能不能做他的婢女。王后也是心地善良、一心想普救眾生的女子，何況在國王的身邊，耳濡目染，她不願拂國王之意，就同意了少年婆羅門的要求。

　　國王和王后一起從內宮走出來，對少年婆羅門說：「我們商量好了，願意一起做你的奴僕和奴婢！」

　　婆羅門這時就說：「既然同意給我做奴隸，那你們就應該把鞋子脫掉，要和真的奴僕一樣。」

　　國王、王后一齊說道：「是的，主人，我們應該與所有的奴僕一樣，他們什麼樣，我們也什麼樣。」於是就把

鞋子脫掉，把衣服也換成了奴僕穿著的粗布衣服。

文殊菩薩只是為了考驗國王、王后。為了不給這個國家添麻煩，文殊就找了另外兩個人，用法力將他們變成國王、王后，和往常一樣處理朝政。而真的國王、王后就加入了去異國當奴隸的人的行列。

再說國王的夫人天生貴人，原來是別國的一位公主，從小嬌生慣養，嫁給國王後更是豪華尊貴，哪裡受過光著腳長途跋涉的苦楚！又正趕上身孕沉重，行動不便。因此隨眾奴隸一起行走，累得氣喘吁吁，全身酸痛，腳心早被雜草和石頭刺破，疼得鑽心，真是一步比一步難行，便漸漸落在了隊伍的後面。文殊菩薩早已將這些都看在眼裡。本來就慈悲為懷的菩薩雖然於心不忍，但為了考驗國王、王后的真心，他仍然裝出一副惡狠狠的樣子，一邊回頭吼道：「快走啊快走！」一邊責罵王后說：「你現在是我的婢女，就要像個婢女的模樣，按照奴婢之法行事。你現在還像當王后一樣，嬌裡嬌氣的給誰看！」

王后聽了，心中委屈不禁湧來，於是長跪地下，淚流滿面地訴說道：「主人啊主人，我實在是不敢怠慢，實在不敢偷懶，我現在真是累極了，稍稍休息一會兒再走，請您可憐一下吧！」

沒想到這個婆羅門是個鐵石心腸，不但不為所動，反而對著王后說：「得啦得啦，你快起來，跟我走吧。這樣的奴婢以後我也沒法使喚，乾脆把你賣了吧！」

於是，就把王后帶到人市上，高聲叫賣：「都來瞧，都來看，有個奴婢我要賣！價錢便宜人漂亮，誰買到手誰福氣！」

　　王后原來是一人之下、萬人之上，整日生活在王宮裡，哪見過這個場面。但現在不同了，自己是個奴婢，奴婢就是這樣買賣的。而她的丈夫國王，此時也和她落得同樣的下場，被一起賣掉了。

　　本來國王、王后還在一起。這樣一賣，兩個人分別被人買走了，相隔數里，不能互相照應。國王被一位老者看中，買去以後當作一個墳墓的看門人，專門負責收埋死人的安葬費。這個地方又寒冷，又荒涼，特別是每到深夜，鬼火亂竄，狼嚎犬吠，弄得不得安寧，難以入睡。那老者還時不時地檢查他是不是收費以後有所私藏。但國王心裡並無怨言。他想：既然為奴，就盡到為奴的責任，我這才是真心佈施，修煉功德。

　　王后的處境比國王更慘。王后是被一個大家買走。這個大家的夫人好像母夜叉一樣，見王后面容嬌美，非常嫉妒，經常給王后使壞，故意把髒活累活派給她。一大早天還沒亮，她就吵吵嚷嚷地把王后叫起來幹活，一直幹到日落西山，而且不能有絲毫的怠慢，稍有不是，非打即罵。

　　又過幾個月，王后分娩了，生了一個又白又胖的男嬰。這家女主人本來無後，見婢女偏偏在她跟前生了個漂漂亮亮的男嬰，不禁妒心似火，十分惱怒，對著王后叫罵道：「你這個臭婢女，也配生孩子嗎？」然後就逼著王后把兒子殺掉。

　　那時婢女即為奴，就要完全聽憑主人的吩咐。主人叫你死，你就不能活。王后此時沒有辦法，於是硬著心腸含著淚殺死了新生兒子，然後帶著死嬰去墓地埋葬。

　　王后去埋死嬰，正好與看守墓地的國王相見。相見之

後都有千言萬語，但他們並沒有流露出任何委屈和不滿，沒有任何抱怨。他們正在說話的時候，須臾之間，真是恍惚如夢，剛才還在冷清的墓地，現在卻回到了本國，身上著的是國王和王后的服裝，坐的是正殿寶座，一切又恢復到原來的模樣。

更令他們喜不自勝的是，他們所為之惋惜、日夜思念的已經被埋掉的兒子，此時卻活生生地出現在他們的眼前，正在伸著小手，甜蜜地向他們微笑呢！

國王、王后正在驚疑之間，正不知這是怎麼回事，只見文殊菩薩端坐在空中的一朵大寶蓮花上，現出五色真身，向他們夫婦二人稱讚說：

「善哉！果然名不虛傳，你們普救眾生，廣為佈施，可真是至誠至信，真心實意，真是了不起啊！」

國王、王后這才悟到，原來的一切都是菩薩顯靈，在考驗他們是否真誠。他們此時不禁為自己經受住了考驗感到由衷的喜悅，連忙向文殊恭敬行禮。

∷道破禪機∷

心誠就不會覺得苦

「至誠至信，真心實意」是菩薩對國王、王后的評價，他們做到了，所以又回到了當初的幸福宮殿裡。以誠相待既是戀人相處的最低要求，其實也是最高要求。一個人若能以最真的心對待心愛的人，無論為對方做什麼，做多少，都不會感到累、感到苦，就因為你的心誠。

有個小故事就講述了這樣的道理。

　　那時候他們都還年輕，還很窮。在城郊的家中，除了一些必需的簡單生活用品之外，唯一的高檔用品可能就是擺在小屋中的那台14英寸的黑白電視機了。雖然清貧，但日子倒也過得閒適。像所有的小知識份子一樣，他們彼此寬容、互敬互愛。

　　丈夫愛看球賽，妻子愛看電視劇。妻子看電視時，丈夫就在一旁看書；反之，妻子也一樣。

　　在一個春天的晚上，這種安靜的生活被打破了。家中發生了一件大事：電視機壞了。

　　裡面的圖像影影綽綽，時隱時現，聲音也沙沙作響。更要命的是，此時正在直播一場重要的足球比賽。這下可糟了，平時溫文謙和的丈夫心急如焚，拼命地對電視機拍拍打打，文靜的妻子也放下書本，著急地把天線撥來撥去，可是全無效果。

　　「好了！」隨著妻子驚喜的叫聲，電視圖像又清晰了，聲音也好了起來。「還是你行！」丈夫又坐了下來，妻子也準備繼續看書。然而剛一離開，圖像又恢復原樣了。回到原地方，圖像又清晰了。「這回可真是好了！」圖像穩定一段時間後，丈夫興高采烈地接著看下去，全身心投入的他沒有注意到妻子一直站在那兒。

　　「真精彩！」球賽結束了，丈夫發出嘖嘖讚歎，抬頭正要招呼妻子，卻發現妻子站在電視機旁手扶天線，正在打瞌睡。丈夫叫醒妻子，妻子手一鬆，天線落下。

　　「沙沙……」電視機的螢幕又模糊了，圖像又開始影影綽綽……

　　多少年以後，他們把家遷到了市區，三房兩廳的公寓

房裡裝上了進口的「家庭影院」。只是那台清貧時期的黑白電視機，他們仍捨不得扔掉，而那雙執過天線的手，丈夫也再沒有鬆開過。

　　兩個人既然相愛，選擇了一起生活，就要用真心相待，這樣你們為彼此付出時，才不會覺得苦、覺得累，因為這一切都是為了愛。

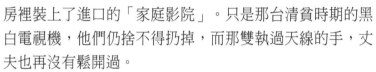

禪林清音

　　心誠了，為愛付出就會越來越輕鬆。

國家圖書館出版品預行編目資料

禪林清音・真愛篇／范天涯　著
——初版，——臺北市，大展，2013〔民102.05〕
面；21公分，——（心靈雅集；76）
ISBN 978-957-468-946-0（平裝）

224.515　　　　　　　　　　　102004240

【版權所有・翻印必究】

禪林清音・真愛篇

著　　者／范　天　涯
責任編輯／張　丹　飛
發 行 人／蔡　森　明
出 版 者／大展出版社有限公司
社　　址／台北市北投區（石牌）致遠一路2段12巷1號
電　　話／(02) 28236031・28236033・28233123
傳　　真／(02) 28272069
郵政劃撥／01669551
網　　址／www.dah-jaan.com.tw
E-mail／service@dah-jaan.com.tw
登 記 證／局版臺業字第2171號
承 印 者／傳興印刷有限公司
裝　　訂／建鑫裝訂有限公司
排 版 者／千兵企業有限公司
授 權 者／安徽教育出版社
初版1刷／2013年（民102年）5月

定　價／250元

●本書若有破損、缺頁請寄回本社更換●